茶韵心香（典藏版）

林治茶诗三百首

林治 著

世界图书出版公司
西安·北京·上海·广州

图书在版编目（CIP）数据

茶韵心香：典藏版 / 林治著 .—西安：世界图书出版西安有限公司，2022.12

ISBN 978-7-5192-9947-7

I.①茶… Ⅱ.①林… Ⅲ.①诗集－中国－当代 Ⅳ.① I227

中国版本图书馆 CIP 数据核字（2022）第 242041 号

茶 韵 心 香（典藏版）
——林治茶诗三百首
CHAYUN XINXIANG（DIANCANG BAN）
——LINZHI CHASHI SANBAISHOU

著　　者	林　治
责任编辑	李江彬
书籍设计	設+ 张洪海
出版发行	世界图书出版西安有限公司
地　　址	西安市锦业路都市之门 C 座
邮　　编	710065
电　　话	029-87233647（市场部）029-87234767（总编室）
网　　址	http://www.wpcxa.com
邮　　箱	xast@wpcxa.com
经　　销	新华书店
印　　刷	陕西龙山海天艺术印务有限公司
开　　本	787mm×1092mm　1/16
印　　张	18.75
字　　数	300 千字
版　　次	2022 年 12 月第 1 版
印　　次	2022 年 12 月第 1 次印刷
国际书号	ISBN 978-7-5192-9947-7
定　　价	88.00 元

版权所有　翻印必究
如有印装错误，请与出版社联系

林治

中国国际茶文化研究会常务理事、世界中医药联合会药膳食疗研究专业委员会常务理事、西安六如茶文化研究院院长，先后被浙江大学等六所大学聘为客座教授，主编了中国高校茶文化教材《中国茶道》《中国茶艺学》，编著出版了《神州问茶》《古今茶情》《茶道养生的是与非》《勐海茶 勐海味 勐海情》等24部茶文化专著，被中华茶人联谊会、中华合作时报《茶周刊》评为"中华茶文化传播优秀工作者"，被中国国际茶文化研究会评为"中华杰出茶人"，并两度荣获陕西省"茶文化终身成就奖"。

自序

昨天，我的责任编辑李江彬女士通知我说，《茶韵心香（典藏版）》已经全部审校完毕，希望能请一位诗词名家写篇序，推荐推荐这本书。江彬说得很委婉，但是我深知，她是真心希望能有高人为我的心血之作点石成金。

不过，我有自知之明，深知自己压根不是一个杰出的诗人。既没有"大江东去，浪淘尽，千古风流人物"的豪情；又没有"只恐双溪舴艋舟，载不动许多愁"的忧愤；更没有"蔷薇不为人拘束，却过邻家屋上红"的禅意，写不出"金鸭香销锦绣帏，笙歌丛中醉扶归。少年一段风流事，只许佳人独自知"的传世名偈。我不仅没有诗人的生花妙笔，甚至至今还没弄懂写诗为什么一定要尊循"平平仄仄仄平平，仄仄平平仄仄平。仄仄平平平仄仄，平平仄仄仄平平"。我只是一个历尽坎坷，从茶中找到了精神寄托，与茶劳通行止常相伴的茶痴。古人讲"诗言志，歌咏言"，那是对真正的诗人而言的。我胸无大志，无以言志，写诗只不过是借助诗来记载自己与茶的"情史"。写诗，只是借助诗来直舒胸臆，表白自己爱茶的深情。只写茶诗，是因为能从中得到少许"茶禅一味"的感悟。这种拙作不值得请大师赐序，于是我写下了这篇《自序》。

《茶韵心香（典藏版）》已经排版完毕，很快就要付梓出版。我暗暗期盼着，自己的诗能化作缕缕清风，吹送茶香飘散到五洲四海，给天下的茶友们增添些许乐趣。全书共有茶诗三百首，其中没有多少文学修养，也缺乏美学情趣。但是，你或许能从一个老茶人对茶的感悟中，发现一些能引发自己共鸣的东西，使我们因茶因诗而结缘，成为携手弘扬茶文化，相伴修习禅文化的知己。

今天是农历十月二十一，月亮已不圆满，但是还很明亮。书罢抬头仰望夜空，月光折射着无边无际的冰冷，正是"往事不堪回首月明中"。顺颂冬安！

2022 年 11 月 14 日

目录

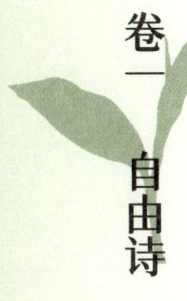

卷一 自由诗

一、问茶

神州问茶	○五
飞向云南	○六
茶马古道	○八
十月云南问茶之旅	○一○
告别世界茶仓临沧	○一二
帕沙问茶	○一四
小路	○一六
七月陪你去草原	○一八
贵阳夜雨	○二○
佛性	○二一
找诗	○二二
北京西山观落日	○二四
问茶的行者	○二五
我愿	○二七
今夜给自己泡壶茶	○二九
我多想	○三○
栀子花开	○三三
记秦淮河夜游	○三四
茶,情人节的不朽童话	○三五
实在舍不得	○三七
武夷山的梦	○四○
昨夜曾住	○四三
想你	○四四
回忆	○四五
请把我味蕾的音乐奏响	○四七

五峰茶歌	〇四九
金银滩草原恋歌	〇五一

二、品茶

每天醒来，把水烧开	〇五三
陪幽兰品茗	〇五四
春晚泡茶	〇五五
陪茶迎元旦	〇五七
元旦夜品大红袍	〇五九
大寒茉莉花开	〇六一
没有大年三十的除夕	〇六二
寺中品茗听雨	〇六五
伊犁草原品茶	〇六七
5·20 我与茶	〇六八
我时刻都在等你	〇七〇
冬夜玩茶	〇七二
七夕夜	〇七三
紫色的浪漫	〇七五
枕边茶	〇七七
春天的吻	〇七八
雨后夜宿梅子湖	〇八〇
品你	〇八一
品乾红	〇八二
乡愁	〇八三
夜煮白茶与大红袍	〇八四
龙湖月夜品茗	〇八六
春风十里，不如有你	〇八七
睡莲吟	〇八八
独品	〇八九
画	〇九〇

三

三、咏茶

茶，任由我想象的一杯水	〇九二
茶之恋	〇九四
茶祖缘	〇九五
蓝毗尼中华寺屋檐下的风铃	〇九七
五月	〇九八
等你	〇九九
毕竟有茶相伴	一〇〇
水与茶	一〇一
做一片茶叶	一〇二
茶人就是活菩萨	一〇三
情人，爱人	一〇四
感恩	一〇五
重阳节游曲江有感	一〇六
做个如茶的我	一〇七
安乐窝	一〇八
茶花，来吧	一〇九
题画	一一〇
缘	一一一
春天来了	一一三
听韩国功勋艺人用茶树叶吹小曲	一一五

四、其他

随我习茶可好	一一六
世界是自己的	一一八
雷雨夜听歌	一一九
六如四季茶歌	一二一
菩提树下	一二五
不知	一二六

我深信	一二七
等待	一二八
那一年、那一刻	一二九
白丁香颂	一三一
海之恋	一三二
煮禅	一三三
悟	一三五
水与茶的邂逅	一三六
散步	一三七
打坐	一三八
人生只是一瞬间	一三九
有诗有梦有远方	一四〇
小船	一四一
茶海慈航	一四二
小溪和我	一四三
玛瑙杯给茶的情书	一四四
问茶	一四五
当我老了	一四七
老人的眼光	一四九
雪中的脚印	一五一
面向大海	一五二

卷二 七言古诗

一、品佳茗

武夷山御茶园品大红袍	一五七
与湘女品丹增尼玛	一五八
品刘安兴大红袍	一五九
君山岛夜品君山银针	一六〇
北斗岩茶研究所品半天妖	一六一
天游峰顶雨中品"牛肉"	一六三
品武夷星陈年大红袍	一六四

天心禅寺品铁罗汉	一六五
品六安瓜片	一六六
与茶友品罢赖茅品龙井	一六七
祁门品祁红	一六八
黄山猴坑品太平猴魁	一六九
印江县品梵净山翠峰茶	一七〇
与戎玉廷先生品勐库茶魂	一七一
云南景迈山品生普洱	一七二
重庆东温泉品永川秀芽	一七三
赵州柏林禅寺品茶	一七四
景谷茶厂品"月光美人"	一七六
泛舟杭州西湖品龙井	一七七
贵州省郎德苗寨品雷山银球	一七八
梅家坞"有美堂"中品葛龙牌狮峰山龙井	一七九
与释界隆法师天荒坪品安吉白茶	一八〇
雪中登峨眉金顶品雪芽	一八一
品茶祖	一八二
夏品冰岛茶	一八三
品陈升号雨林大树普洱茶	一八四

二、品意境

月夜品茗赏梨花	一八六
邀月品茗记梦	一八六
六如茶艺师秦岭品茗	一八七
品茗上海茗邦堂	一八七
喜马拉雅山下休闲	一八九
品茗武夷山	一九〇
诗岛月夜品茶	一九〇
重游武夷山御茶园品茗	一九一
与武夷岩茶泰斗陈德华先生品茶	一九二

五
·

武夷星茶苑月夜读书品茗	一九三
万松禅院品茗听松	一九三
武夷山庄品茗记梦	一九四
野趣	一九五
晨探止止庵品茗	一九六
悟	一九六
咏菊寄遥	一九七
微雨中告别少林	一九七
少林晨曲	一九八
闲	一九八
幔亭峰夜游品茗	一九九
品孤独	二〇〇
普洱市梅子湖夜品茗	二〇〇

三、品禅韵

品茗读经	二〇一
天山滑雪场品茶	二〇一
雨夜品茶	二〇二
赵州柏林禅寺品茶	二〇二
品天心禅茶	二〇三
与释界隆法师品茶	二〇四
福建建瓯光孝寺冷水泡茶	二〇六
少林寺夜品茗	二〇六
奉君一盏六如茶	二〇七
品茶偶得	二〇八
巴南东温泉品茗夜浴	二〇八
"云在青天水在瓶"两首	二〇九
陆羽像前品茗有感	二一〇
雨夜品茗读《心经》	二一一
佛说	二一二

禅	二一二
长安秋月	二一三
禅茶	二一三
自叙	二一四
浙江长兴寿圣寺修习禅茶	二一四
山中勐海县访隐士高峰禅居	二一五

四、其他

祭叔公林觉民	二一六
题林治茶文化工作室	二一八
悼中国茶文化大师陈文华兄	二一八
知足	二一九
茶罢一叹	二一九
六如茶艺师赞	二二〇
题后柳老街古道茶馆	二二一
攀登张家界天波府	二二二
茶壶中种茶	二二三
今夜又做儿时梦	二二四
洛阳白马寺问石马	二二四
夜游嵩山待仙谷	二二六
茶酒两生花	二二七
春日疯语	二二八
问壶	二二八
柏林禅寺万佛殿前茶会	二二九
唐代贡茶苑采茶	二三〇
寿圣寺绕塔	二三一
元宵夜寄友人	二三二
春分时节拜茶王	二三二

卷三 七言杂诗

品"品品香"白茶	二三七
寿圣寺习茶禅修有感	二三八
抒怀	二三九
遵义凤冈问茶	二四〇
茶人	二四一
普陀山普济寺品茗	二四二
茶翁自白	二四三
淡淡	二四四
重阳一叹	二四四
贵阳王阳明祠品茗抒怀	二四五
五台山问佛	二四六
"六一"抒怀	二四七
端午节闲吟	二四七

卷四 组诗

一、小舟四首

小舟（一）	二五一
小舟（二）	二五一
小舟（三）	二五一
小舟（四）	二五一

二、茶与月十首

（一）待月	二五二
（二）迎月	二五二
（三）读月	二五二
（四）问月	二五二
（五）抱月	二五三
（六）吻月	二五三
（七）餐月	二五三

(八)踏月　　　　　　　　　　二五三
(九)追月　　　　　　　　　　二五三
(十)逸月　　　　　　　　　　二五四

三、藏头诗七首

藏头诗《和静怡真》　　　　　二五五
藏头诗《精行俭德》　　　　　二五六
藏头诗《不乱于心》　　　　　二五六
藏头诗《茶道养生》　　　　　二五八
藏头诗《笑对人生》　　　　　二五九
藏头诗《室雅兰香》　　　　　二六〇
藏头诗《六如茶艺》　　　　　二六〇

四、步原韵和师友

和净慧大师两首　　　　　　　二六一
和长兴寿圣寺方丈释界隆法师两首　二六三
和冰城女警杜学辉两首　　　　二六五
和沈小淞两首　　　　　　　　二六六

五、品茗禅悟心得六首

(一)悟甘苦　　　　　　　　　二六七
(二)悟浓淡　　　　　　　　　二六七
(三)悟冷热　　　　　　　　　二六七
(四)悟沉浮　　　　　　　　　二六八
(五)悟褒贬　　　　　　　　　二六八
(六)悟贵贱　　　　　　　　　二六八
观荷有感　　　　　　　　　　二六九

药师佛前品茗得句	二六九	
端午节品茗有感	二七〇	

卷五 词

江城子·童心(仿苏轼)	二七五
鹧鸪天·忆梦	二七六
巫山一段云·流年	二七六
虞美人·叹	二七七
望江南·送兔年	二七七
卜算子·元宵夜	二七八
浣溪沙·品桂花龙井	二七八
蝶恋花·情人节品茗	二七九
蝶恋花·问茶	二七九
渔家傲·七夕感怀	二八〇
行香子·叙怀(仿苏轼)	二八〇
忆秦娥·四月	二八一
忆秦娥·新柳	二八一
忆秦娥·秦川春雪	二八二
小桃红·冬至	二八二
忆王孙·雨夜闻蛙煎茶	二八三
一剪梅·迎羊年	二八三
月下吟·题照	二八四
临江仙·立春品茶	二八四

我登上高山找诗,
总喜爱极目远眺,
等待再等待。
等待日落,用热泪送别夕阳,
那便是我心中的诗。

卷一 自由诗

一、问茶

神州问茶
——1997 年 5 月作于神州问茶途中

我走，我问，

把童年的梦想和成年的思索，

统统打进背囊，

由茶香引路，

任心儿自由飞翔！

我走，我问，

采得千山灵芽，

汲来一溪风月，

把茶煎得浓浓。

当茶香沁透肌骨，

我看到了天堂的彩虹！

我走，我问，

有茶香相伴，

谁与我同行？

飞向云南 ❶

——2011年秋修改于勐海县老班章村陈升茶厂

飞向云南,飞向云南。

飞向茶的故乡,飞向云的花房,

飞向爱情故事的摇篮,飞向流浪者的天堂。

飞到云南,

不为了请彝族阿细一起跳月。

不为来寻访唱着《小河淌水》❷ 的姑娘。

不为来看,

生死相倚的连理树。

不为来践约,

把傣家阿妹的香茅草烤肉细细品尝。

飞到云南啊!

飞到云南,

只为来挽着普洱茶的芬芳,

向她倾诉衷肠。

啊!明月清风,可愿意做我们的伴娘?

〇七 茶韵心香（典藏版） 林治茶诗三百首

◎飞向云南，做客老班章

❶ 此诗作于老班章村，老班章属于云南省西双版纳傣族自治州勐海县布朗山布朗族乡管辖，距县城约60公里。其出产的普洱茶被好茶者尊为"茶王"，外形条索肥壮，多绒毛，有强烈的山野气韵和特有的奇香，口感霸气，令人振奋，苦涩味退得快，回甘强烈而持久。

❷《小河淌水》是一首云南民歌，由尹宜公于1947年创作。歌词质朴自然，富于想象，感情真挚、内在音调较高，音域较宽，表现出少女的活力与纯情，是一首经典的民歌作品。

卷一 自由诗

茶马古道

——2013 年夏作于普洱市

茶马古道曲折绵延，

沿着它，怀古的思绪便穿越千年。

茶马古道盘旋山间，

踏上它，马帮的铃声便响在耳边。

茶马古道，浸透血汗的路。

石径上的马蹄印，

刻写着，先辈历尽的千难万险。

茶马古道，茶魂筑就的路。

沿途村寨里的山花，

至今传颂着，

茶人苦中能乐的浪漫诗篇。

茶马古道❶啊！

谱写着滇茶史诗的路。

普洱茶从这里运往五洲四海，

标志着华夏儿女

从这里把康乐和文明传遍人间！

○九 茶韵心香（典藏版） 林治茶诗三百首

◎ 茶马古道遗址

❶ 茶马古道是指存在于中国西南地区，以马帮为主要交通工具的民间国际商贸通道，是中国西南民族经济文化交流的走廊。茶马古道分川藏线、滇藏线两路，兴于唐宋，盛于明清，二战的中后期最为兴盛。

2013年3月5日，茶马古道被国务院列为第七批全国重点文物保护单位。这年秋天，我和云南茶马司茶叶有限公司董事长朗啃明先生重走茶马古道滇藏路，谨以此诗献给所有为振兴普洱茶产业而忘我奋斗的人。

卷一 自由诗

十月云南问茶之旅 ❶

——2016 年 10 月 5 日作于西安到勐海的旅途中

十月的云南，蓝天是彩云的花房。

十月的云南，谷花茶发出迷人的芬芳。

十月的云南，奇瓜异果等你来采。

十月的云南，各种菌类等你品尝。

来吧，朋友！

带着心到原始茶林散步，

让丢失的灵魂慢慢跟上。

来吧，朋友！

告别都市的喧嚣和烦恼，

到茶乡与童心相伴。

清晨，去亲一亲茶芽上的露珠，

体验初吻时狂情夺魄的惊喜。

晚上，去窥探澜沧江中的明月，

看她是否和沐浴的阿妹一样漂亮。

来吧，朋友！

来参加问茶之旅，

来体验康养生活新时尚。

来吧，朋友！

把梦的种子种在云南，

带回幸福的果实终身相伴！

◎ 雄赳赳，气昂昂，携友登茶山

❶ 此诗为六如茶文化研究院与云南陈升号茶业有限公司联合举办的茶道养生游学班而作。

告别世界茶仓临沧 ❶

——2013年作于临沧市双江拉祜族、佤族、布朗族、傣族自治县

高原的星星,点亮了童年的梦。

茶山的朝阳,烧沸了心中的情。

清风挽袖,柔情地留我长住。

朝霞献舞,像是在为我壮行。

留下?

这里的碧水蓝天和笑容,

已成为我心中的眷恋。

离去?

远方的无数茶山,

都呼唤着我继续向前。

向前!去接受生命之绿的拥抱。

向前!去体验珍木灵芽的香吻。

永远向前!

是我与茶在三生石下的约定。

永远向前!

是我与茶地老天荒的情缘……

◎武夷山天游峰

❶ 临沧市是云南省第一产茶大市,被誉为"天下普洱第一仓",茶区主要集中在沧源、双江、凤庆等地,最出名的山头当属于勐库十八寨,包括大名鼎鼎的冰岛、昔归、坝糯,该地区所产的名茶滋味各有千秋。

帕沙❶问茶

——2013年秋作于云南勐海县格朗和哈尼族乡

问茶到帕沙！问茶到帕沙！

茶林中的红土路像红地毯，

通向婚礼殿堂，

等待我们出发。

问茶到帕沙！问茶到帕沙！

我驾万里长风，你披满身彩霞，

那一缕美丽的祥云，是我献给你的婚纱。

问茶到帕沙！

这里，每一株茶树都凝聚了日月精华。

这里，每一片茶叶都吟诵着古老神话。

这里，每粒种子都为美而发芽。

这里，每株小草都为爱而开花。

问茶到帕沙！

我已挽紧了你千年等待的手，

我们生生世世结合吧！

听，然达（哈尼语：小伙子）已把欢乐的竹笛吹响。

看，米达（哈尼语：姑娘）为我们捧来了美丽的山花。

亲友们唱起了悠远的古调。

与茶结合的婚宴就办在咱哈尼家！

◎茶乡"红地毯"

❶ 帕沙村隶属于云南省西双版纳州勐海县格朗和哈尼族乡，距县城33公里。全村国土面积61.78平方公里，海拔1200～2000米，盛产茶叶。帕沙古树茶主要分布在村寨周围，其中帕沙老寨的古树茶品质最好，茶树龄在三百年到六百年左右，也有几十年的小茶树。纯正的帕沙茶以清甜而著称，海拔越高，茶的韵味越足。

小路

——2016 年 4 月写于贵州凤冈县仙人岭

小路，小路，

通向茶林深处。

那里有座木屋，

诱我携梦入住。

入住，入住，

请来七位小矮人，

帮我洒扫庭除。

备好凤冈翠芽❶，

款待"白雪公主"，

共写茶的童话，

让它流传千古！

❶ 凤冈翠芽是贵州省凤冈县的创新名优绿茶，它集富锌、富硒、有机于一体，是天然营养保健茶。凤冈翠芽条索秀美，汤色嫩绿，香气高雅，滋味鲜爽，回甘持久，叶底均齐成朵，2015 年被评为意大利米兰世博会金骆驼奖，名列中国世博百年名茶。

七月陪你去草原

——2016 年 7 月作于新疆伊犁大草原 ❶

七月陪你去草原,

悠悠的白云蓝蓝的天。

风送花香吻我脸,

爽爽的感觉真新鲜。

七月陪你去草原,

芳草鲜花满山涧。

驰马惊起双云雀,

一串串歌声入云天。

七月陪你去草原,

奶茶香气绕炊烟。

手把羊肉就奶茶,

嘿,咱不羡帝王不羡仙!

一九 茶韵心香（典藏版） 林治茶诗三百首

卷一 自由诗

◎驰马惊起双云雀

❶ 新疆旅游界流传着两句话："不到新疆就不知道中国有多大；到了新疆，不到伊犁就不知道新疆有多美。"2011年7月，我有幸在新疆茶友张国胜等人的陪同下到伊犁草原住了几天，建议朋友们抽空也到伊犁高山草原去看看，一定会留下美好的回忆。

贵阳夜雨
——2009 年 12 月问茶于贵阳

旅居神秘的夜郎，

体验夜雨打湿的冬天，

我隔窗怅望雨烟。

雨烟！雨烟！

莫非来自离恨天？

带点冷漠，带点缠绵，

点点滴滴，

被霓虹灯照成凄美的诗篇。

我泡一杯滚烫的红茶，

怕冬雨浇冷对你的思念。

我咽下一口热茶，

把熟悉的滋味珍藏在心间！

佛性
——2008 年问茶云南景谷县作于威远江 ❶

昨夜，

无量山顶的圆月，

放射出灵性的佛光。

威远江的流水，

把月光揉碎，

铺就满江的梦幻。

每一点月光，都折射出无尽的遐想。

每一圈涟漪，都勾勒出天堂的景象。

我痴立江滨，

任清风亲吻脸庞。

听流水为清风鼓掌，

夸她吻得大胆，夸她爱得坦然。

其实佛性就是这样，

像风、像水、像茶、像月光！

❶ 云南省景谷县有"无量宝地，佛迹仙踪"的美誉，是南传佛教圣地，处处都昭示着佛性。

找诗

——2014 年春作于问茶途中

我登上高山找诗，

总喜爱极目远眺，

等待再等待。

等待日落，用热泪送别夕阳，

那便是我心中的诗。

我深入林间找诗，

总喜爱静卧芳丛，

等待再等待。

等待风起，用怜惜拾起落叶，

那便是我心中的诗。

我面向大海找诗，

总喜爱枕石听涛，

等待再等待。

等待月出，跳入大海去拥抱月影，

那便是我心中的诗。

○二三　茶韵心香（典藏版） 林治茶诗三百首

卷一　自由诗

◎找诗

我梦中醒来找诗，

总喜爱煮壶热茶，

等待再等待。

等待旭日，为我披上霞光斗篷，

那便是我心中的诗。

我徘徊红尘找诗，

总喜爱心怀憧憬，

等待再等待。

等待下雨，和你同撑一把伞去问茶。

那才是我心中最美的诗！

北京西山观落日

——2014年秋作于北京西山

京城深秋迓夕阳,日薄西山,

余晖脉脉遣情伤。

更有西风催落叶,

几片随风飘零,

几片苦恋残枝熬时光。

触景生情实堪伤,

人生何处是故乡?

七碗茶罢,

海阔山遥天地宽!

西山虽非乐游原❶,

此心安处,

一样梦里醉茶香。

---

❶ 西安六如茶文化研究院坐落在唐代长安的乐游原下。

问茶的行者

——2015年2月作于新疆库尔勒 ❶

跟着心儿走,
让梦牵着我的手。
冰封万里雪野中,
春天已经在招手。

◎茶寿老人张天福(左)

跟着茶香走,

让爱牵着我的手。

莫道世界是荒漠,

茶人处处有挚友。

跟着感觉走,

让风牵着我的手。

红尘白浪任逍遥,

高歌走向天尽头。

跟着童话走,

天山南北皆朋友。

王母敬我雪莲茶,

梨城畅饮香梨酒!

❶ 天山是传说中西王母居住的仙境,故曰"王母敬我雪莲茶"。新疆库尔勒也称为梨城,香梨酒是库尔勒的特色美酒,故曰"梨城畅饮雪梨酒。"

我愿

——2014 年 4 月作于宜兴

我愿,陪你走进四月天,
共撑一把伞,
踏遍灵山秀水,
陶醉于春雨和茶缠绵。

我愿,陪你走进四月天,
醉卧芳草丛,

○ 踏上问茶路,谁人不忘归

透过梨花的疏枝,
欣赏云聚云散的悠闲。

我愿,陪你走进四月天。
泡壶大红袍,
深情地默默对啜,
同品生活的苦涩与甘甜。

我愿,陪你走进四月天,
采朵蒲公英,
让"停不下来的爱"❶,
扎根在我们的心田。

❶ 蒲公英的花语之一是"停不下来的爱"。

今夜给自己泡壶茶

——2014 年 9 月作于宁夏银川

今夜给自己泡茶，

静静地泡，

静静地品，

让自己在茶香中静静融化。

今夜在旅途泡茶，

品味孤独，

享受寂寞，

让心在"居闲趣寂"❶中升华。

今夜伴着古琴泡茶，

邀来明月，

请来鲜花，

让生命在苟且中活出潇洒。

---

❶ 据《宋高僧传》记载，茶圣陆羽云："日月星辰为天标，山川草木为地标。推能归美为德标，居闲趣寂为道标。"其中最后一句话一语双关，既是认定"居闲趣寂"是悟道的标准，又是对高僧道标和尚的颂扬。

我多想

——2015年夏问茶到黄冈市"东坡赤壁"而作

我多想驾一叶扁舟，
载着你旅行。
到当年赤壁大战的峡谷，
体验山的坚毅，
感受水的柔情。

我多想变成一叶扁舟，
化入波光云影。
无论仰望还是俯瞰，
都那么洒脱多情。

我多想泡一壶老茶，
和你泛舟品茗。
邀上豪放的苏轼，
高歌大江东去❶，
一起随波飘零！

○三一　茶韵心香（典藏版）　林治茶诗三百首

◎勐海云茶源

卷一　自由诗

❶ 中国有两个"赤壁"，一个在黄冈市城西，人道是"东坡赤壁"。另一个在蒲圻县（今赤壁市），又名"周郎赤壁"。

◎栀子花开

栀子花开 [1]

——2013 年 5 月作于张家界

我恰巧来，你恰巧开；

你恰巧开，我恰巧来。

也许这不是恰巧，而是命运的安排。

安排你用心香，

唤起我前世今生的期待：

期待我的心，能伴你花开，

在浊世中绽放出清白。

期待我的情，

能把苍凉的月光，

折射成温存的爱。

期待我的爱，

能像你泡出的茶，

唤醒世人冷漠的胸怀。

啊！栀子花，

看到你，我顿时明白：

从你纯洁的清香，

能品悟出生命的精彩！

[1] 栀子花香气馥郁幽远，花色洁白，花语是"纯洁的友谊"。

记秦淮河[1]夜游

——2011年11月问茶作于南京

原道惜花心已老,

落红年年伤春,

独把茗盏向黄昏。

不期金陵缘,同沐秦淮风。

携手画舫品佳茗,

六朝风月重温,

波光云影如梦中。

茶罢恐相忘,归来记匆匆。

---

[1] 秦淮河古称龙藏浦,唐代以后改称秦淮,由东向西横贯南京市区,注入长江,是南京市最大的地区性河流,孕育了南京古老文明,被称为南京的母亲河,也被称为"中国第一历史文化名河"。

茶,情人节的不朽童话

——2022年2月14日于西安

茶,

没有一夜不陪我,

或伏案挥毫泼墨,

或牵手花前月下。

茶,

没有一天不随我,

或访泉灵山秀水,

或问茶海角天涯。

我以茶洗心,

可以心清如水,

却洗不掉

你在我心中的倩影。

我天马行空,

可以超脱红尘,

却无法超脱

对你刻骨铭心的牵挂。

啊,茶!

三生石下的"冤家"。

我喝尽千碗孟婆汤，

仍不忘与你地老天荒的情话。

啊，茶！

《聊斋》中的娇娜。

我一生都在做一个梦：

梦见你如茶，在我的心中溶化，

我在你的爱中升华。

我们共谱情人节的不朽童话！

实在舍不得

——和拉祜族女歌手李娜倮2015年夏作于云南澜沧自治县酒井乡勐根村

李娜倮原唱：

我会唱的调子，像山林一样多，

就是没有离别的歌。

我想说的话，像茶叶满山坡，

就是不把离别说。

最怕的就是要分开，

要多难过有多难过。

舍不得约舍不得，

我实在舍不得！

你没看的风景，像山花一样多，

还有多少思念的河？

你留下的情，像火塘燃烧着，

还有好多酒没喝。

最怕的就是要分开，

要多难过有多难过！

舍不得约舍不得，

我实在舍不得！

◎拉祜族歌手李娜倮（左）

最盼望的就是你再来，

要多快乐有多快乐。

舍不得哟舍不得，

我实在舍不得！

即兴奉和戏作：

你给我的情，像茶叶一样多，

时刻都在陶醉着我。

我们在一起，像门口那条河，

日夜唱着欢乐的歌。

想不到这么快就分开,

其实我比你更难过。

舍不得哟舍不得, 我实在舍不得!

我对你的爱, 像稻田里的禾,

正在灌浆等收割。

我们在一起,像火塘里的火,

你想多热就多热。

煨好的普洱还没喝,

舍不得哟舍不得, 我实在舍不得。

最想和你一起陪着茶, 慢慢变老,

要多快乐有多快乐。

舍不得哟舍不得,我实在舍不得!

武夷山的梦
——2015 年 11 月问茶作于武夷山庄

武夷山的梦,常带着禅的意境。
春天我梦见,在天心禅寺听雨品茗。
捧着兔毫盏,含英咀华,细啜慢饮,
茶香沁透了我身心!

武夷山的梦,常带着儒士的温情。
夏天我梦见,在朱熹故里的荷塘品茗。
煎壶小龙团❶,对月抚琴,浅唱低吟,
陪着荷花到黎明。

武夷山的梦,常梦见仙人飞升的身影。
秋天我梦见,在道家圣地止止庵品茗,
相约白玉蟾❷,九曲论剑,松下弹琴,
秉烛共研《南华经》!

武夷山的梦,常带着茶人的温馨。
冬天我梦见,柳永执手相看泪眼,

赠《玉蝴蝶》，吟《雨霖铃》，
茶人总是最多情！

◎茗婕——武夷山追梦人

❶ 五祖，长期在武夷山的止止庵和凌霄洞修炼、传法，有《玉蟾神功》传世；柳永，崇安县（今武夷山市）人，北宋词人，婉约派代表人物，《玉蝴蝶》《雨霖铃》是他的代表作。

❷ 白玉蟾是道教南宗五祖之一，长期在武夷山止止庵、云霄洞等地修炼。他学识广博，武功高强，精通茶道，留下了《玉蟾神功》和许多茶诗茶词。

◎ 六如创始地

昨夜曾住

——2014年秋作于泰山脚下小客栈

饮罢早茶，奔向旭日升处。
依恋回眸，古屋昨夜曾住。
一室茶香，一枕幽梦，
一夜秋风秋情耳边诉。
泰山秋夜品秋韵，
初见，入目伤怀，
细品，禅意顿悟。
顿悟！顿悟！
缘是秋风，情是秋露，
唯有禅韵如茶水，
浓淡皆涤心，百年香如故！

想你

——2013年12月问茶于乌鲁木齐南山滑雪场

月牙挂在天边，

勾起久远的思念。

夜空如冰，

却懂得和云缠绵。

想你！

漫漫长夜里，我习惯了和茶相伴。

想你！

从茶的苦涩，回味你留下的甘甜。

月牙隐没云间，

像你告别时瞥我一眼。

夜露成霜，

像撒在心头伤口的盐。

想你！

我总是借茶消愁。

想你！

凝视清澈的茶汤，

总能看到你清纯的笑脸。

回忆
——2012年秋安溪问茶返程作于厦门机场

回忆,

已长成人生小路上鲜活的青苔。

小路,

一头通向天涯,一头连着心海。

向前走!向前走!

让每一步脚印,

都在"青苔"上留下生命的精彩。

回忆,

已化作昨夜梦中的茶烟。

茶烟,

几缕随风飘散,几缕久久萦怀。

我醉了!我醉了!

我仿佛看到了茶烟中的你,

带着童真的微笑,

向我盈盈走来!

◎六如茶仙子

请把我味蕾的音乐奏响

——2019年云南问茶作于勐海县

普洱茶，
请把我味蕾的音乐奏响。
让一曲曲美妙的乐章，
流淌出我的心房。
冰岛茶，像唱着《小河淌水》的姑娘，
柔美真诚，质朴自然，
带着少女的活力
发出青春的呼唤。
一声"月亮出来亮汪汪"，
诱发了多少人的遐想？

普洱茶，
请把我味蕾的音乐奏响。
让一曲曲古老的乐章，
激荡我的心房。
老班章，像老年歌手唱《创世纪》❶，
韵律深沉，曲调高亢。
如布朗山的松涛，

在千山万壑激荡。

品一盏古树老班章,

让《心的约会》在心中唱响!

◎心与茶的约会

❶《创世纪》和《心的约会》都是老班章产区布朗山哈尼族的民歌。

《创世纪》曲调庄严缓慢,通常在隆重的场合由老年歌手合唱。

五峰茶歌

——2016 年夏问茶作于武汉高铁站

过去,五峰县在我的梦中。
今天,茶香把它融入了我的心中。
"宜红"❶的汤色,
像映在百顺河❷的彩虹。
罐罐茶的滋味,
和土家人的真情一样浓。
毕兹卡油茶,
喝得我浑身来劲。
"采花毛尖",
让我一口能品出五峰山之春。

过去,五峰县远在天边。
今天,茶歌把它引入我心间。
《采茶歌》,唱出了土家族的凄美诗篇。
《筛茶歌》,主人好客的盛情如在眼前。
最爱听《茶山小调》,
传递着赤诚的呼唤。
最爱唱《六口茶歌》,

好想约个幺妹,

对唱在茶芽萌发的春天!

◎茶乡新一代

❶ "宜红""采花毛尖"都是中国名茶。

宜红:是主产于宜昌市红茶的简称,现产于武陵山脉和大巴山脉的二十多个县(市)。

采花毛尖:名列湖北十大名优茶精品榜首。20世纪80年代创制,其外形细秀,香高持久,味醇回甘,曾多次获得国际国内金奖。

❷ 百顺河是五峰县名茶主产区采花乡最长的一条河流。采花乡有"楚天茶叶第一乡"和中国"山歌之乡"的美誉。

金银滩草原恋歌

——2013年秋青海问茶作于金银滩大草原[1]
为纪念西部歌王王洛宾而作

◎ 金银滩草原恋歌

我在毡房外,等待又等待。

我在草原上,徘徊再徘徊。

月亮升起在熟悉的山岗,

格桑花在静静地开。

夜莺唱着忧郁的歌,

姑娘啊!

我唱着《在那遥远的地方》，
等待着你到来！

我在毡房里，等待又等待。
我在火塘边，发呆再发呆。
朝霞又染红了天边的云彩，
我为你把奶茶煮开。
茶香飘散在整个大草原。
姑娘啊！
你可从中闻到了我的爱？
闻到了我的爱……

❶ 金银滩草原在青海，离西宁不远，曾是西部歌王王洛宾与藏族姑娘卓玛热恋的地方。

草原上有一条蜿蜒的小河，日夜吟唱着古老的歌，把草原分成两个部分。开黄色花朵的一半叫做金滩草原，开着白花的那一半叫银滩草原。这是一处美丽、有故事且容易令人流连忘返的旅游胜地。在这里，王洛宾为卓玛写下了感人肺腑的《在那遥远的地方》。我为纪念王洛宾和卓玛写下了这首《金银滩草原恋歌》。

二、品茶

每天醒来，把水烧开
——2016年中秋节作于西安龙湖紫都城

从现在起，做一个爱茶的人，

每天醒来，把水烧开。

听山泉在壶中吟唱，激起心潮澎湃。

看茶芽在水中苏醒，倾吐出销魂夺魄的爱。

从现在起，做一个幸福的人。

每天为她（他），把水烧开。

把茶杯洗净烫热，把音乐调到温柔缠绵，

泡一壶芬芳的茶，

看着她（他）

在茶香中欣喜地醒来。

从现在起，做个痴情的人，

每天用心，把水烧开，

煮一壶古树老茶，

让茶香熏染温馨的家，

用老茶表达地老天荒的爱……

陪幽兰品茗
——2022年正月初三作于西安

看窗外,

云彩像冻在了天上。

听壶中,

泉水在浅吟低唱。

夜很静,很静!

静到听得见,

梦在扇动翅膀,

要带我飞向天堂。

心很静,很静!

静到听得见,

幽兰在呢喃,

邀请我陪在她身旁。

多销魂夺魄的夜啊!

泡一壶古树老茶,

捧着等待千年的茶香,

献给心中的幽兰!

◎ 六如姑娘在品茶

春晚泡茶

——2022年除夕夜作于西安

拉上窗帘,

隔开辞岁的礼花。

关上电视,

逃避世俗的喧哗。

除夕之夜,

我爱静静地泡茶。

汲来千溪风月,

倾入丝路花雨,

为茶

洗净历史的风沙。

燃起满腔热情,

烧旺心中活火,

用爱

唤醒灵芽。

泡茶!泡茶!

泡出唐风宋韵的魅力。

泡茶!泡茶!

泡出陆羽苏轼的牵挂。

〇五六 茶韵心香（典藏版） 林治茶诗三百首

喝这茶，

能激活炎黄子孙的基因。

喝这茶，

要调整好代沟和时差。

不管寒风

是否还在刮？

不管积雪

是否已融化？

我都专注地泡好这壶茶！

泡掉壶对茶的寂寞等待。

泡出茶对人的温柔情话。

泡开心中的千千结，

泡出春晚的美丽童话。

泡吧！泡吧！

泡出辞岁迎新的梦想：

生活永远

有我，有你，有茶……

还有茶香萦绕的水仙花！

陪茶迎元旦

——2022年元旦

春花秋月，
逶走流年逝水。
梦里，只留下无数懊悔。
风花雪月，
昭示着多彩人生。
此生，还能陪你再醉几回？

你是花，在霜雪中流泪，
在寒风中叹息，直到枯萎。
为谁？
我是月，照你赴汤蹈火，
为你增添诗意，夜夜徘徊。
不悔！

今宵无眠，用爱烧沸泉水。
品杯中月，赏水中花，
体验岁月静美。
陪着茶香迎元旦，

等待朝阳,

照亮生命新轮回!

◎一品亭

注 今夜迎元旦,因疫情防控我无法离开自己的工作室,不过新年总是要好好过的。生活无论酸甜苦辣都各自有独特的韵味。晚餐我为自己准备了一荤两素的年夜饭,饭后泡了一泡武夷山学生茗婕寄来的"丹崖翠壁"这茶是她十年磨一剑的产品,好喝极了,香、清、甘、活,层次分明,口感饱满,岩韵醉人。

元旦夜品大红袍

——2021年元旦

泉水,

在壶中吟唱。

连月光也充满乡音。

万家灯火,

辉映着满天繁星。

而我,

却陶醉于与茶谈心。

窗外古都,

折射着茶文化的背景

紫砂壶中,

飘溢出大红袍的风情

岩骨花香,

牵动地老天荒的回忆

舌底甘苦,

回味岁月沧桑的温馨

今夜我进入不了

你醉后的梦。

唯愿明天,
你能从此诗读懂,
一个茶痴的心!

◎元旦钟声

大寒茉莉花开

——2021年12月答谢疫情防控隔离中关心我的朋友

与世隔离已月余，
独迎大寒到人间。
霜风悽冽窗外景，
心中永驻艳阳天。
日日是好日，
茶人赛神仙。
书房茉莉开❶，
玉壶绕茶烟。
播曲古琴遥相祝：
虎年近，春归早！
疫情清，君安好！

---

❶ 茉莉花本是夏季开花，今年元旦时竟然在我的工作室中开花了，也许是茉莉怕我在疫情防控隔离中寂寞吧！

没有大年三十的除夕 ❶

——2022年除夕作于西安

雾霾的天,下的不知是雪还是雨?

凛冽的风,像尖刀刺进我心底。

赶着回家过年的人啊

都蒙着口罩,

看不透是悲还是喜。

脚步匆匆,拼搏一年后回家,

你行囊中有多少底气?

恋恋不舍,含泪关店返乡,

不知你年后能否再回这里?

在这没有大年三十的除夕夜,

一定会有人哭泣。

希望痛哭的不是我,更不是你!

因为我们都懂得,再苦也要活下去!

年夜的团圆饭,总归要笑着吃。

因为华人的基因,深深埋藏在我们细胞里。

春节的温馨，已成为珍贵的回忆。

拜年的贺词，却沦为了虚伪的攀比。

怕祸从口出，我拼命用酒灌醉我自己。

我心力交瘁，真想一醉不起。

但是不行啊！

牛年祝了"牛气冲天"

虎年要贺"虎虎生威"

拜年的规矩不可弃。

我必须起来，起来用酒话骗慰你。

起来！为你泡壶茶，

把中国茶道"和静怡真"❷

融入这壶苦茶里。

起来！敬你一杯茶，

我们一起伴随袅袅的茶烟，

等待虎年的朝阳升起！

❶ 2022 年春节没有大年三十。

❷ "和、静、怡、真"是中国茶道四谛。

寺中品茗听雨

——2014年4月作于浙江长兴县寿圣寺 ❶

寺中听雨,

雨声与佛乐相伴。

梵音和天籁汇成绝妙的乐章,

把悟性唤醒,

心灯被慧火点亮。

寺中听雨,

雨声与虫声相伴。

这是生命的交响曲:

花草在呢喃,

落叶在叹息,

蛙鸣敲响了架子鼓,

连蜗牛都加入了大合唱。

我顿时头脑空灵,

一朵白莲在心中绽放。

多好啊!

品着茶在寺中听雨，

一夜不眠，终生难忘！

◎长兴县陆羽阁

❶ 寿圣寺始建于隋代，是浙江著名的古刹，寺中有一口水质轻、清、甘、冽的千年古井，极其益茶。现任方丈释界隆法师风清气朗，慧根具足。自1999年出家后，他以佛陀的慈悲情怀奉行诸善，广种福田，戒行精严，深受拥戴，受满三坛大戒后，担任寿圣寺方丈、省佛教协会常务理事、湖州市政协常委等职务，他倾心履职，弘扬佛法，促进和谐，把寿圣寺建成了真正的清静之地。

伊犁草原品茶

——2011 年 8 月 18 日作于新疆伊犁

身自在，心自在，
魂逐茶香云天外。
有茶相伴处处美，
山河大地皆如来。
浓也爱，淡也爱，
茶涤心源更何待？
甘醇苦涩皆法味，
一啜一咏多畅快！

5·20 我与茶

——2015 年 5 月 20 日作于读月斋红茶房

5·20 的夜,

很静!很静!

我用虚静的心泡茶,

听茶浅唱低吟。

看茶芽在水中涅槃苏醒,

舒展着千娇百媚的身影,

用清香倾诉深情。

5·20 的夜,

很静!很静!

我用空灵的心品茶,

接纳茶的香清甘活和苦涩,

激活心中的本明。

我亲吻她每一滴欣喜的泪,

享受她的芳馨。

5·20 的夜,

很静!很静!

〇六九 茶韵心香（典藏版） 林治茶诗三百首

在这童话般的夜晚，
我与茶相伴到天明。

◎ 与茶相伴

卷一 自由诗

我时刻都在等你
——2014年冬作于重庆江北机场

走进寒夜,走进静寂,
走进梦中的回忆。
屋外下着雨,
微风陪我叹息:
叹息那把远去的小花伞,
还有伞下的你。

◎非茶不饮

〇七一 茶韵心香(典藏版) 林治茶诗三百首

卷一 自由诗

叹息在雨中，
牵手去品茶的美丽。

你说"非茶不饮"，
我已铭记！
记住了一起品茶的甜蜜。
你说"茶是知己"，
我很同意，
因为是茶缘让我们相聚。
再来品茶吧！
无论今生，无论来世，
我都等你！

冬夜玩茶

——2016年1月作于西安读月斋红茶房

冬夜不冷,因为有茶。

心不寂寞,因为有花。

蝴蝶兰笑脸相向,

郁金香含苞欲发。

泡一壶热茶,

把冬夜融化。

让茶香花香浸透肌骨,

让心在玩茶中升华。

冬夜不冷,因为有茶。

心不寂寞,因为有花。

冬夜玩茶赏花,

此中的禅意,

敢向佛祖夸!

七夕夜

——2021年七夕作于西安

七夕夜,

我把泉水烧开。

泡一壶玫瑰茶,

用茶香引路,引导你循香而来。

七夕夜,

我把音响打开。

播一曲《我心永恒》,

用心声引路,呼唤你从梦中走来。

七夕夜,

我在茶室等待。

插好满天星和蔷薇,

用花语传情,期待你跨过银河来。

银河鹊桥已架起,

茶室百花正盛开,

秋风唱着迎宾曲,

茶炉中燃烧着炽烈的爱。

我手捧热茶在等待，

等待你，

披着星光到六如来！

◎ 雁塔晚钟

注 满天星的花语是"思念、守望爱情"。蔷薇的花语是"爱的思念"。插这两种花寓意是双重思念，相互思念。

○七四 茶韵心香（典藏版） 林治茶诗三百首

卷一 自由诗

紫色的浪漫 ❶

——2015 年 6 月作于西安六如茶艺培训中心

春天不忍离去，

再三回头，

抛下万紫千红的眷恋。

吸引我的眼。

春天不忍离去，

风依然缠绵，

带着薰衣草的媚香，

亲吻我的脸。

春天不忍离去，

日夜垂泪，

抛洒着倾诉心声的雨点。

茶园里绿色渐浓，

浓得像我对你的思念。

我用红茶配薰衣草，

调一壶"紫色的浪漫"，

兑现许下的诺言。

我捧着五朵金百合花❷，
爱你到永远！

◎茶的眷恋

❶ "紫色的浪漫"是一款用薰衣草花、红茶、蜂蜜和鲜奶调制的美味奶茶。

❷ 金百合花的花语是"百年好合，心想事成"。

枕边茶
——2014 年 7 月作于深圳宝安机场

昨夜,

一颗流星从梦中划过。

今晨提笔追忆,

已无法实现时空的穿越。

想用昨日的玫瑰,

为你编个花冠,

花瓣却纷纷凋落。

唉!这是谁的错?

端起枕边的茶,

早已没有你斟时的温热。

调整时差喝了吧!

从中回味爱的甜蜜和苦涩。

春天的吻

——2017 年 4 月作于贵州凤冈

朝阳,

张开炽热的芳唇。

激情一吻,

花儿便羞红了脸。

染红青山绿水,

染红农舍田园。

熏风,

带着百花的芬芳。

轻轻一吻,

茶树便情不自禁,

哼起初恋的歌,

声声扣人心弦。

春雨,

像你告别时的泪,

点点滴滴,

〇七九 茶韵心香（典藏版） 林治茶诗三百首

亲吻着我的双唇。

那么忘情，

至今令我销魂。

◎苗寨茶姑

卷一 自由诗

雨后夜宿梅子湖 [1]

——2017年8月27日作于普洱市开元梅子湖酒店

雨后夕阳示温馨：

水风轻，断霞明。

波光潋滟逡浅笑，

云影依依伴我行，

山花最多情。

归来临窗煮佳茗：

韵醉人，香沁心。

茶味悠悠孕禅意，

茶烟牵梦入仙境，

思君到天明。

[1] 对我而言，清静悠闲是最难得的奢侈品。到老来固然还能"忙，并快乐着"。但是那毕竟是在红尘中摸爬滚打，逃避不了心累。今天真好，从昆明飞到普洱参加许嘉璐先生组织的"第四届茶文化高峰论坛"，住在了开元梅子湖泉酒店，这里三面环水，一面靠山，繁花似锦，林木葱郁，风景极佳。报到后我整个下午都享受着忘我的悠闲。这一天普洱市三点钟以前一直天降大雨。我煮了一壶"丹增尼玛"隔窗看雨听雨，看湖面雨烟如幻的美景，听雨打芭蕉的清音。四点钟之后放晴了，夕阳无限好，我围绕着梅子湖散步，天黑后才恋恋不舍地回到酒店写下了这首诗。

品你

——记武夷山庄 ❶ 荷塘夜品茗

秋风对我柔声耳语。

夏天已成过去。

但是，

夏夜荷塘品茗怎能忘记？

月光下品你，

你是一首浪漫的诗。

荷塘边品你，

你是我美丽的回忆！

---

❶ 武夷山庄是我国20世纪80年代的十佳旅游建筑之一，根据我国建筑学泰斗杨廷宝教授所提出的"宜低不宜高，宜土不宜洋，宜散不宜聚，宜隐不宜现"的原则设计，代表了我国风景名胜区建筑的主体风格，如从天堂飘来的一曲悠扬的古乐凝固在了武夷山大王峰下。

品乾红

——2015 年春作于宜兴市乾红山庄

江南玉女泡乾红❶，

坐也从容，笑也从容，

眼波清如惠山泉，

泡出茶香分外浓。

喜与玉女品乾红，

春光融融，其乐融融，

此茶闻香心即醉，

细啜慢品味无穷！

❶ 乾红早春茶是在具有 1800 年贡茶历史上发展起来的名茶，据说有一年清明节前，乾隆微服到宜兴寻访优质紫砂壶，却意外发现宜兴已经早早有了春茶。

当地茶农告诉他，这片土地的地下有温泉，所以茶总能比普通春茶早 15 天面世，而且色泽纯正，口感醇厚，香气优雅，更有一番"不食人间烟火"的空灵气息。

乾隆品罢心中大喜，赞叹此茶"领春之气，妙不可言"，遂赐名为"江南茶王"。

乡愁

——2012 年 11 月作于西安咸阳机场候机室

乡愁，如茅屋上升起的炊烟。

炊烟后，外婆慈祥的脸，仿佛就在我眼前。

乡愁，如外公老壶中的苦茶，

而今我能品出茶中"三味"，外公却已不在人间。

乡愁，是童年光腚跳水的水花，

水花恍若刚刚溅起，白发却已爬上鬓边。

乡愁，是邻家小妹清纯的歌声，

不知在如今的红尘浊世，歌声是否清纯如当年？

乡愁啊乡愁！

你是回味无穷的苦茶，

你是伴我不眠的茶烟！

夜煮白茶与大红袍

——2014 年秋作于太姥山品品香白茶山庄

湖水清清,泉声轻轻,

秋风秋月与人亲。

白茶山庄夜品茗,

山也多情,水也多情,

与人相伴到天明。

波光粼粼,笑语盈盈,

茶友相聚湖心亭。

品罢白茶品岩茶,

香也沁心,味也沁心,

茶韵奇绝冠古今。

◎品品香·白茶山庄湖心亭

龙湖月夜品茗

——2013年春作于西安龙湖

安详的月光,

照着安详的湖。

悠闲的我,

牵手悠闲的风。

悠闲的风,

牵手春茶的芬芳,

帮我把茶香,带入春梦中!

春风十里，不如有你

——2017 年 8 月 25 日作于深圳里寓茶文化主题酒店 ❶

春风十里，不如有你。

每当茶芽绽放出微笑，

生活便送我无数惊喜。

月色百里，不如有你。

我在荷塘月色下采集甘露。

准备日夜用心泡你！

红叶千里，不如有你。

在碧云天映黄花地的秋季，

我调杯果茶献给你！

瑞雪万里，不如有你。

我们围炉烤馍烤肉煮奶茶，

陶醉在生活的芳香里。

❶ 在深圳市里寓茶文化主题酒店，主人张莲子和她的先生张长安特地为我举办了一场"茶会"，这是一场展示调饮魅力的茶会。

第一杯"冰岛之恋"就让我欣喜，用的是冰岛生普洱和野蜂蜜，甜度把控得恰到好处，从清甜冰爽中透出冰岛生普洱茶层次丰富的美味。

其后我们又饮了"雪山之韵""春风十里""不如有你"等很有创意的调味茶，品后我写了这首诗答谢主人。

睡莲吟

——2015年11月作于贵州盛华茶学院 ❶

光阴如梦,人生如梦,

一枕黄粱多少恨。

夜来秋水寒彻骨,

雨打残荷添郁闷。

郁闷!郁闷!怅立西风庭院。

幽香如梦,倩影如梦,

仙姿凌波招人怨。

韶华易逝花易老,

红消香断有谁问?

谁问?谁问?暂借杯茶释怨。

---

❶ 贵州盛华职业学院创建于2011年,位于贵州省省级风景名胜区百鸟河风景区,是贵州省人民政府和教育部批准备案,由王雪红、陈文琦夫妇秉承其父王永庆先生的教育扶贫理念,捐巨资创办的一所公益性全日制高等职业学校,我曾任该校茶学院的首任志愿者院长。

独品

——2016 年 4 月作于读月斋红茶房

水已煮沸,花正盛开。

无论你来与不来,茶香都令我开怀。

人生万事随缘,何必苦苦等待?

只要身边有茶,世界处处精彩。

只要心中有爱,生活日日愉快。

今夜无月,我煎茶独品,

品悟茶禅一味,品味生命的精彩,

品到本明把心灯点亮。

啊!"居闲趣寂"❶ 原来如此畅快。

❶ 陆羽认为"日月云霞为天标,山川草木为地标,推能归美为德标,居闲趣寂是道标"。"居闲趣寂"是悟道者的境界。

画

——2022 年 3 月 22 日作于读月斋

为寂寞的夜空,

画一轮孤独的月亮。

不画星星和云彩,

让她只和我相伴。

为冰冷的夜空,

画一轮冻僵的月亮。

给她涂些黄色,

这样看起来就有点温暖。

月亮下画一条小路,

曲曲弯弯,

穿过黑暗,

通向我的禅房。

禅房里画一把小茶壶,

再画个大火炉,

让壶中泉水放声歌唱。

虽然,

我听不懂茶壶的歌,

但却被深深陶醉。

○九一

茶韵心香（典藏版） 林治茶诗三百首

卷一 自由诗

因为她吐出的，

是人间最美的芬芳。

最终画上

悠闲自在的我。

都说悠闲的人没心事，

于是我就装成，

从来没有心事一样。

◎装作从来没有心事一样

三、咏茶

茶,任由我想象的一杯水

——2015年为意大利米兰世博会中国茶文化周而作

不记得曾把你,捧起几回,亲吻几回。

不记得曾把你,放下几回,回味几回。

茶啊!在世人眼里,

你总是最美!最美!

◎与中国大学生茶艺团在意大利米兰合影

陆羽为你写《经》，东坡为你陶醉，
才子佳人为你夜不能寐，
乾隆皇帝为你放弃帝位。

茶啊！在我的心中，
你永远最美！最美！
你是能喝的唐诗宋词，
你是《聊斋》里的小翠，
你是禅，你是梦，
你是海里的浪花，
你是天边的流霞，
你是观音菩萨净瓶中的甘露，
你是任由我想象的一杯水！

茶之恋

——2014年10月10日作于六如茶艺培训中心

柔柔的灯光，散发着童话般梦幻。

幽幽的茶香，牵出前世今生的遐想。

爱你！我像壶，

生来就是为了把你揽在怀抱。

爱你！我像水，

时刻为你吟唱着沸腾的乐章。

爱你！我就是我。

我默默地用你的芬芳，

熏染自己多梦的心房……

◎ 六如茶艺培训中心

茶祖缘

——2013年夏于云南临沧大雪山拜茶祖[1]

云里飘香，山花已开遍。

大美临沧拜茶祖，

一脚踏仙境，一脚在人间。

群峰巍峨，竹仗芒鞋可登天。

古木拱卫，茶祖伟岸凌云烟。

千年等待，万里追寻，

赢得激情一抱。

天地灵气，永驻心间！

天地灵气，永驻心间！

---

[1] "茶祖"是茶人鞠肖男为一株古茶树取的昵称，已作为商标注册。

这株古茶树生长于海拔2534米的原始大森林中，树高28米，茶香清馨高雅胜幽兰，其味鲜爽清醇如甘露。

◎屋檐下的风铃

蓝毗尼中华寺屋檐下的风铃
——2013年春作于尼泊尔蓝毗尼中华寺 ❶

听!

什么声音在把灵魂唤醒?

听!

什么声音在引发心灵共鸣?

她从云中传来,带来了万佛的叮咛。

她随清风远播,传递着生命的福音。

她无风而动,

不倦地吟诵佛法,

伴随有缘者修行。

我奉上一盏华夏春茶,

献给蓝毗尼中华寺的风铃!

---

❶ 尼泊尔蓝毗尼圣园是佛教四大圣地之一,圣园中的中华寺是中国响应由联合国开发署、教科文组织、尼泊尔王国政府组建的蓝毗尼开发委员会和世界佛教联谊会的邀请而建立的,是中国有史以来在国外修建的第一座正式寺院。

蓝毗尼为佛祖降生圣地,世界三十余个国家承诺在蓝毗尼建立佛教寺院。这首诗是我在中华寺向佛祖敬茶后而作。

五月

——2016 年 5 月 4 日作于杭州西湖

五月,多雨的季节。

我喜欢看花蕾在雨中含情绽放。

隔着雨烟,距离产生美感,

朦胧之美最耐想象。

五月,多梦的季节。

我梦见你撑把小红伞立在断桥上。

隔着雨雾,你似乎闻到了茶香,

深情地向我慵望。

五月,多愁的季节,

最感动狮峰山老茶树,❶

新芽茁壮。

纵使已过了谷雨,

也要献上生命的芬芳!

❶ 龙井茶的最高级是狮峰山龙井,我的老朋友,西湖龙井茶核心产区首批十大制茶技艺大师葛建国,每年都为我用 1927 年群体种老树的茶青做一点私房茶,从中真的能品味出"生命的芬芳。"

等你
——2015年7月作于故乡福州

童年时,我常在屋后的草地等你,
用狗尾巴草编只小猫,
想博得你一笑。

少年时,我常在茉莉花园等你,
采一朵最洁白的花蕾,
怯怯插到你的发梢。

青年时,我常在深夜星空下等你,
和你紧紧相拥,
对流星许下共同的心愿。

如今,我捧着老班章和冰岛❶等你,
把茶王茶后都献给你,
希望陪你和茶一起慢慢变老。

---

❶ 老班章被爱茶人士誉为"普洱茶王",冰岛被爱茶人士誉为"普洱茶后"。茶人普遍认为人生最幸福的事即牵手心爱的人一起陪着茶慢慢变老。

毕竟有茶相伴

——2015年4月作于贵州凤冈县仙人岭

朝阳，探出温柔的笑脸，

与我深情相望。

小鸟，炫耀着心中的快乐，

在我窗前歌唱。

炊烟袅袅升起，

不知是妻子在煮茶，

还是母亲在做饭。

醒来吧！身心疲惫的人，

日子再艰辛，毕竟有亲人一起扛。

醒来吧！忘我打拼的人，

生活再苟且，毕竟有茶相伴。

水与茶

——2016年春作于读月斋红茶房

你是茶,我是水。

我怀着滚烫的心,与你在紫砂壶中相会。

我献给你,炽热深情的拥抱。

你在我怀中舒展,流出幸福的泪。

我用热情,激发出你心灵的芬芳。

你用甘苦,留给我无穷的回味。

尽管我们被黑暗包围,

爱仍是刻骨铭心的体会。

啊!心心相印,

竟如此令人陶醉!

做一片茶叶

——2015 年 10 月 24 日作于长沙

人生如茶,流年似水。

日历又翻过了霜降,

我不为花谢哀叹,

只陶醉于落叶的静美。

春天的羞涩,

夏日的张扬,

终究在秋风中凋零,

用优美的归根弧线,

诠释生命的轮回。

人生短暂,且做一片茶叶:

在山野舒展自性,

被采后任凭蹂躏,

沸水中实现涅槃,

历尽磨难,无怨无悔!

茶人就是活菩萨

——2014年夏作于武夷山天心永乐禅寺

茶，炎黄子孙的图腾饮料，

茶，华夏文明的秦砖汉瓦。

茶润色了，才子佳人的诗词字画。

茶染香了，茶马古道的万里风沙。

人生如茶，

新陈各有韵，沉浮皆潇洒。

人生如茶，

杯空纳万福，杯满映流霞。

人生如茶，

惠泽众生无凡圣，真空妙有传佛法。

人生如茶，

感恩包容养心性，分享结缘乐无涯[1]。

人生如茶啊人生如茶！

做个茶人吧，茶人就是活菩萨。

---

[1] "感恩、包容、分享、结缘"是中国茶道的四大功能。

情人,爱人

——2009 年 6 月 9 日作于西安读月斋

茶,你是我前世的情人,

夜夜与我梦中相逢。

你本是佛祖手中的金菠萝花❶,

因我痴情一笑而结缘,

化作仙山灵芽,

用心香唤醒我的灵魂。

茶,你是我今生的爱人,

日日与我深情温存。

你本是观音菩萨净瓶中的荷花,

因我千次回眸而结缘,

今生化作一杯茶,

让我洗心涤髓保清纯。

❶ "金菠萝花"是佛祖如来在灵山法会说法时大梵天王献给佛祖的花。佛祖拈花不语,只是以金菠萝花遍示大众,开创了不立文字,教外别传,以心印心的禅宗。

感恩
——作于 2020 年感恩节

我把感恩的心，

锤炼成一面魔镜，

对着它，

时时都能看到你的身影。

我用天上的云，

编织成你的彩照，

想你时，

抬头就可仰望你的微笑。

我让今天的风，

伴我唱感恩节的歌，

让你听，

我真诚的心跳在向你诉说。

我汲来玉泉水，

用感恩的心泡壶茶，

让茶香，

滋润你的生活不断升华。

重阳节游曲江有感 ❶

——2013 年 10 月 13 日重阳节作于西安曲江池

几朵白云飘过,把心情变得轻轻松松。

几阵秋风吹过,把忧愁吹得无影无踪。

重阳登山归来,独步曲江池畔,

目送夕阳奇异的嫣红。

溪水在流,我没有"逝者如斯"的哀痛。

秋虫在唱,虽然它明知过不了冬。

我在走,每一步都把人生之路缩短几分。

我在想,告别世界时能否如泡茶般静美?

回首平生,无怨无悔。

魂归故里,淡定从容。

❶ 曲江位于西安城南,是唐代郊游圣地,现有曲江遗址公园,恢复性地再造了曲江南湖、曲江流饮、汉武泉、宜春苑、凤凰池等历史文化景观。

做个如茶的我
——2013 年秋作于贵州盛华茶学院

我如茶,

也来自深山野岭。

茶如我,

都受尽生活蹂躏。

我如茶,

也带着大自然的质朴纯真。

茶如我,

敢赴汤蹈火求证茶道精神。

我如茶,

能把时间积淀为陈香陈韵。

茶如我,

能在灯红酒绿中保持清醒。

我如茶,

因此爱茶、习茶、事茶,使自己更像茶。

茶如我,

因此亲我、近我、吻我,把快乐送给我。

永远做一个如茶的我吧!

抛弃苟且与无奈,

在红尘浊世过如茶的生活。

安乐窝

——2021年重阳节作于西安

盖栋木屋，

隐居山间，

让心享受悠闲。

听潇潇秋雨敲打小窗，

看空山晓月清晖缠绵。

醒来躺在茶树下，

约小鸟谈天。

任凭阳光透过绿叶，

亲吻我的脸。

建幢别墅，

习茶海边，

用茶香打发流年。

任心声与海潮共鸣，

陪月光伴花不眠。

忘情品茗芳草地，

用茶洗心涤髓，

润泽心田！

茶花,来吧

——2015年秋问茶时作于武夷山

夕阳西下,
带走了最后一抹晚霞。
夜幕悄悄降临,
掩盖了远山,
掩盖了近水,
掩盖了美丽,
掩盖了繁华,
唯独掩盖不了我心中的她。
掩盖不了她的透骨清香,
掩盖不了她的纯真无邪。

夜已很深,
我扯片夜幕当被,
裹着期待躺在茶树下,
期待梦中能看到她。
来吧!茶花,我心中的花。
茶花,来吧!
来听我的心里话……

题画
——冲泡云南茶马司❶的普洱茶膏

水说：等待千年，

等着你在我的心中融化。

你激动的泪，

在我心中绽放出最美的花。

茶说：千年等待，

为的是地老天荒的爱。

只有投入你的怀抱，

我才能绽放出生命的精彩！

---

❶ 云南茶马司茶叶有限公司总部位于云南昆明，是一家致力于弘扬茶文化、专门从事普洱茶生产加工及产品研发的企业。公司具有优质的生态茶叶原料基地，一流的食品安全加工环境及生产能力，以及设施先进的储藏陈化仓库。

多年来，公司一直遵循"诚信为本、开拓进取、用心做茶、报效社会"的宗旨，为广大茶人、茶友和茶商提供了多种绿色生态、安全健康的普洱茶系列产品，其中普洱茶膏堪称一绝，深受广大消费者的喜爱。

缘

——2015 年 11 月作于西安六如茶艺培训中心

不知是前世有约，还是命中注定？
风要和云相聚，
浪要和礁相聚，
茶要和壶相聚，
我要和你相聚！
相聚前我百般憧憬：
憧憬着，
我们是牵手在百花盛开的山冈，
还是漫步在春潮澎湃的海岸？
我们是相依窗前，
煮茶等待黎明的曙光，
还是溪边邀月品茗，
听流水浅吟低唱？

今天我们相聚了，
相聚在古都长安，
一起重温华茶的辉煌。

今天我们相聚了，
相聚在六如茶讲堂，
共谱茶文化新篇章。
今天我们相聚了，
在六如结下茶缘，
彼此终生不忘！

一一二 茶韵心香（典藏版） 林治茶诗三百首

◎ 六如轩茶艺馆

卷一 自由诗

春天来了

——2008年4月18日作于武夷山庄

春天来了！

我好想长成一杆翠竹。

虚心有节，

昂首苍穹，

去深情地抚摸白云流霞。

春天来了！

我好想变成一只小鸟。

自由自在，

放声歌唱，

去赞美早发的茶芽。

春天来了！

我最想到苍茫的海边，

捡两只贝壳，

做一对茶杯，

陪你在花前月下喝茶！

◎做客韩国

◎与韩国功勋艺人联欢

听韩国功勋艺人用茶树叶吹小曲

——2014年夏作于韩国首尔

一片茶叶贴上唇边,

便发出天籁之音。

你用爱令她颤动,

倾诉出久蕴的深情。

似空山鸟语,

似山泉轻吟,

似春雨在枝头叹息,

似秋叶和清风谈心……

我听到月光在亲吻茶芽,很亲!很亲!

我听到茶芽在呼唤着我,很轻!很轻!

我醉了,醉得忘却了红尘的喧嚣。

我醉了,任凭心儿与茶叶共鸣!

四、其他

随我习茶可好

（一）

知君志比天高，随我习茶可好？

神州物产最丰饶，茶是天赐至宝。

饮之得康乐，清心涤烦恼。

和静怡真❶创茶道，多少英豪倾倒？

携手重走古茶道，伴随驼铃画角。

让茶造福全人类，此愿与君共了！

（二）

卿已长发及腰，随我习茶可好？

踏遍灵山与秀水，问茶天涯海角。

瓦壶煮日月，把盏送良宵。

卿弹古琴我吹箫，抛尽红尘干扰。

任凭白发三千丈，绝无一寸烦恼。

茶人日日是好日❷，陪茶慢慢变老！

一一七 茶韵心香

◎于苏东坡当年在湖州讲学处

❶ "和、静、怡、真"是中国茶道四谛,其中"和"是中国茶道的哲学思想核心。"静"是修习茶道的不二法门。"怡"是修习中国茶道身心愉悦的体验。"真"既是中国茶道的起点,又是中国茶道的终极追求。

❷ "日日是好日"是我国唐代末年著名禅师云门文偃的一句禅语,这句话宁静、安详、自在,是老禅师一生修为的外化,后来成了茶人的座右铭。

世界是自己的
——读杨绛先生《一百岁感言》作

世界是自己的，

与他人毫不相干。

于是，我彻底撕下伪装。

批评太阳，

拥抱月亮，

牵手琴棋书画茶酒度时光。

世界是自己的，

与他人毫不相干。

于是我，用慧火把心灯点亮。

推能归美❶，

居闲趣寂，

只与知己分享茶韵心香！

---

❶ "推能归美""居闲趣寂"典出于《宋高僧传》："陆羽云：夫日月云霞为天标，山川草木为地标，推能归美为德标，居闲趣寂为道标。"《茶韵心香》即我的茶诗集，希望能有知音。

雷雨夜听歌
——2015年夏天雷雨夜听杨乐的歌

窗外雷鸣电闪,

我听到一颗老男人的心,

透过雨幕在狂吼。

唱着生命没有尽头,

人生要不停向前走。

不要在乎花开花落,

知音有茶,寂寞有酒,

风花雪月皆朋友!

不要拘泥昼夜寒暑,

困了就睡,饿了就吃,

想唱歌就大声吼!

霹雳惊天动地,

我的心伴着老男人颤抖,

我们因歌成挚友。

他的歌声美如茶,

他的歌词浓似酒,

由不得我不跟着歌声走!

走！走！走！
人生贵在当下，
往事何必回首？
走！走！走！
歌声牵定了我的手。

◎六如茶艺师

六如四季茶歌

——2015年春节作于六如茶艺培训中心

（其一）春有春的美好

春有春的美好！

一朵桃花，便打发了冬的严寒。

一叶嫩茶，就染绿了大地怀抱。

一滴春雨，竟胜过一坛美酒，

轻松地把我醉倒。

一片蛙声，赛过一场交响乐，

鸣奏出生命的骄傲。

春天实在美好！

扎一只风筝，把心情放飞上蓝天。

泡一杯新茶，温存地把世界拥抱。

吹一曲短笛，邀请蜜蜂蝴蝶伴舞。

养一盆牡丹，夜夜在梦中听她欢笑！

春天真的很美好。

你若在，更妙！

（其二）夏有夏的浪漫

花，早已褪去万紫千红。
叶，正长成神秘的绿荫。
曛风轻拂，
撩拨着生命的激情，
也撩动了我的心。
把炉火烧汪，
听泉水浅唱低吟。
泡一壶"月光美人"，
倚窗静品。
让心追随美丽的月色
融入夏的浪漫，
体验夜的温馨！

（其三）秋有秋的潇洒

秋有秋的潇洒，
任时光把绿叶染成红花，
任霜风把大地绘成国画。
秋有秋的魔力，
她微微一笑，
生活便甜如熟透的瓜。

我爱秋，

爱对着秋云秋月发呆。

我爱秋，

爱听秋风秋雨的情话。

我爱秋，

爱用桂花泡壶茶，

让秋愁秋怨，

都在茶香花香中融化！

(其四)冬有冬的风情

冬有冬的风情：

千里冰封，

万里雪飘，

掩盖了一切污秽，

世界变得很干净。

我陪梅花傲雪凌霜，

在寒夜期待光明。

冬有冬的风情：

煮壶奶茶，围着炉火，咱们促膝谈心。

把羊肉烤得热香四溢，

就着滚烫的奶茶，品味生活的温馨。

◎在佛陀悟道的菩提树下打坐

菩提树下

——2013年春作于尼泊尔蓝毗尼佛祖悟道的菩提树下

我坐在菩提树下，默默不语，
听树叶吟诵您悟道的故事。
我觉得我们只隔着一个梦，
就像茶包与水只隔着一层纸。
二千六百年的时差，
一万三千里的距离，
合掌便随风而逝。
我听到了您的开示，
就像您在和我贴心耳语。
此刻，万千执着顿消，
我只等着一盅羊奶，
只等着那位牧羊女❶。

❶ 佛祖在悟道之前曾得到牧羊女供奉的羊奶。

佛祖悟道后给信众最贴心的耳语是："奇哉！奇哉！一切众生皆具如来智慧德相，但因烦恼执着而不能证得。"

不知

——2015年12月作于深圳东海花园

仰望天空,

我不知哪片云彩会下雨。

踏遍园林,

我不知哪朵鲜花最芬芳。

过尽千帆,

我不知你坐在哪条船。

目断归鸿,

我不知它将栖哪座山。

世事茫茫难自料,人生何苦叹无常?

且把茗盏送岁月,体验心田一脉香。

我喜欢在不知中邂逅未来。

我憧憬在不知中,和你的心相互碰撞。

我深信
——2008年5月4日作于武夷山

我深信春天会到来,所以从不悲哀。

在寒冬备好良种,

等到冰雪消融,

去耕耘生命的精彩。

我深信太阳会出来,所以从不悲哀。

在黑夜养精蓄锐,

等待旭日东升,

去改变命运的安排。

我深信你一定会来,所以从不悲哀。

用心焙❶好大红袍,

汲来千江明月,

与你共赏百合花❷开!

❶ 焙,指炭焙,是精制武夷岩茶的特色工艺。

❷ 百合花的花语是"百年好合"或"伟大的爱和幸福的生活"。

等待

——2016年2月作于西安读月斋

唉!
我去了,你却不在。
唉!
我泡好了茶,你却不来。
只好在寒冷的冬夜,等待再等待。
茶杯已空空,思绪却满满。
黑夜已深沉,心却渐明白:
等待既是生活的无奈,
等待更是生命的精彩,
因为有人有事值得等,
这预示着幸福一定会到来。

那一年、那一刻

——2018年9月4日纪念到武夷山插队种茶50周年而作

(一)那一年

那一年,我把自已化作茶山晨雾,
深情地拥抱着你,共享茶园的诗意朦胧。
那一年,我把自已化作茶山劲松,
痴情地为你遮阴,直到烈日把笑脸晒红。
那一年,我把自已化作茶山秋风,
柔情地抚摸着你,永不凋零的面容。
那一年,我把自已化作一壶清泉,
用爱火把它烧沸,呼唤你投入我的怀抱,
让我亲吻你的芳唇!

(二)那一刻

那一刻,
当你在沸水中涅槃苏醒,
杯中水,便洋溢出活力和激情,
散发着自然的气息,诠释着生命的永恒。

刹那间，禅意的火花，点亮了我心中的本明！

那一刻，
当你用醍醐为我涤髓洗心，
我的心，便变得无比轻盈，
伴随茶香穿越时空，去邀请陆羽苏轼品茗。
刹那间，我豁然自省，千年万年尽在一盏茶前！

那一刻，
当我品味出岩骨花香❶，
我的爱，便像大红袍的岩韵，
时刻都能令销魂，
刹那间，我惊喜顿悟：大爱原本无须多言！

❶ "岩骨花香"是武夷岩茶的品质特点，品悟了它，方能明白"岩韵"的魅力。

白丁香[1]颂

——2012年5月作于天津机场候机室

你把月光凝聚成笑容，
在夜幕下无邪地绽放。
你把幽怨转化成幽香，
默默地熏染我的心房。
你为我编织天国的梦，
带着我的心陪白云翱翔。
你为我吟唱天堂的歌，
让我把人间愁苦淡忘。
白丁香，
圣洁的花，
我愿为你煎茶，
温热前世今生的牵挂。
白丁香，
我心中的花，
我愿为你写诗，
让诗陪你开在月光下。

海之恋

——2005年夏作于厦门鼓浪屿

往日,我们牵手飞奔,

跃过沙滩,扑进大海,劈波斩浪。

啊!

那海的拥抱,

浪的激情,

狂情夺魄,令人心潮激荡。

如今,我们相扶相搀,

泡壶老茶,观赏夕阳,促膝礁上。

啊!

那礁的执着,

潮的信义,

天的湛蓝,还和当年一样。

❶ 白丁香的花语是"纯洁、青春美丽、真爱永恒"。

煮禅

——2012年5月作于天津机场候机室

炉里火苗闪耀，

室内茶香缭绕，

我煮出了禅的味道。

煮禅要用活火，

让情迅速沸腾，

让心随烟虚静，

让禅意把自己拥抱。

煮什么茶？

铁观音？大红袍？

老班章？冰岛？

其实都不重要。

斟入冰纹碗❶是李季兰❷，

倒进兔毫盏是李清照❸。

均可倾心品味，

啜罢哈哈一笑。

只为体验，不求得到，

这就是禅的奥妙。

◎六如茶仙子

❶ 冰纹青瓷碗是唐代的名贵茶具，兔毫盏是宋代的名贵茶具。

❷ 李季兰原名李冶，字季兰，唐代女诗人、道姑，是茶圣陆羽的红颜知己。

❸ 李清照，号易安居士，宋代女词人，婉约派代表，有千古第一才女之称。与李季兰同为著名的诗人，也都是著名的茶人。

悟

——2016 年 4 月作于昆明长水机场候机室

睡去做个蝴蝶梦，
醒来顿觉万事空。
生当不为空色累，
潇洒如蝶舞春风。
参透"真空妙有"，
心如天马行空。
悟彻"活在当下"，
茅舍即是皇宫。
用闲情品茶，用初心做事，
体验"日日是好日"，
且作忘龄茶翁。

水与茶的邂逅

——2016年2月作于西安读月斋红茶房

有一种邂逅如露与花,

短暂的接触即化作相思泪。

有一种邂逅如云和月,

并不牵手却有诗意的美。

有一种邂逅如浪与礁,

激情碰撞后心伤得粉碎。

有一种邂逅如你和我,

恰似茶与水应缘相会。

你在我的怀里舒展,

实现生命的涅槃,

从此不再枯萎。

我吸吮了你的芬芳,

从此告别平淡,

变得有滋有味!

散步
——2016年9月作于贵州凤冈县仙人岭

迎着晨曦散步，
独向茶林深处。
去寻找神奇木屋，
昨夜梦里曾住。
曾住，曾住，
仙女为我煎茶，
留下回忆无数。

踏着暮色散步，
渐行渐忘归路。
任由茶香引领，
探索春花秋露。
秋露，秋露，
好像你的泪珠，
离愁向谁倾诉？

打坐

——2013 年春作于尼泊尔蓝毗尼佛祖悟道的菩提树下

放空！放空！

一相不着，一尘不染，

让心虚静空明。

入定！入定！

静听菩提树叶，

在风中把心唤醒。

依偎在大地母亲怀抱，

感受 46 亿年积淀的温馨。

坐在佛祖诞生地，

体验他觉悟时的心情。

打坐，入定，

静中体验"真空妙有"，

于是悟了《金刚经》❶。

打坐，入定，

静如杯中的一片茶，

发出清香沁禅心。

---

❶ 佛祖在《金刚经》的结尾用一首偈揭示了他对宇宙万物的看法，偈曰："一切有为法，如梦幻泡影，如露亦如电，应作如是观。"

人生只是一瞬间
——2017年春节作于西安龙湖

又要过年,人生只是一瞬间。
仰望星空,星星冷笑着眨眼:
可怜的人啊,生命还剩多少天?
煮壶热茶,开开心心过年。
把心放空,伴着音乐美酒缠绵。
生命短暂,且做一缕茶烟。
率性认真地飘舞,了无牵挂地消逝,
展示自我,香染人间。

有诗有梦有远方

——2016年5月作于新疆乌鲁木齐南山牧场

受够了闹市喧嚣,渴望让心空灵虚静。

厌倦了狗苟蝇营,想找一方净土安身。

这地方可以很遥远,

远如陶渊明的庄园。

这地方可以很荒凉,

荒凉如苏武的牧场❶。

在那里,

可以摘一朵白云,抹净心灵的污垢。

在那里,

可以汲一壶清泉,煎出心中的茶香。

在那里,

可以让心与大自然合唱。

在那里,

最希望邂逅懂茶的姑娘。

我知道这一切都是奢望。

但是在茶人心中,

永远有诗有梦有远方……

---

❶ 苏武牧羊的故事是指天汉元年(公元前100年),苏武奉命为中郎将持节出使匈奴。他被扣留后无论对方如何威胁利诱都宁死不降,于是被罚到北海(今贝加尔湖)去牧羊。匈奴统治者扬言要到公羊生崽才释放他回国。结果苏武历尽艰辛,十九年持节不屈,终于在公元前81年回到了长安。

小船
——2016年11月8日作于读月斋

新月又爬上熟悉的山冈，
月光让世界充满梦幻。
我伏案写诗，
叠成小船送给你，
还像儿时一样。
憧憬我们荡起双桨，
划向心中的月亮！

新月放射着皎洁的光芒。
如你的眼睛般清纯明亮，
在碧波中向我召唤。
真想与你一起泛舟品茗，
煮沸千江风月，
共醉一脉心香……

茶海慈航

——2015年4月作于浙江长兴寿圣寺茶道养生班

苦海横断天涯路,

人生之舟向何处?

且借佛法扬心帆,

茶海慈航靠自度。

自度!自度!

除此无人能助。

◎ 小溪与我

小溪和我

清浅如我,一眼能看穿心底。
快乐如我,一路歌唱着自己。
害羞如我,常因拥抱朝霞而脸红。
博爱如我,滋养着沿岸万物生息。

小溪啊小溪!
你也如我般多情:
春天托着落花依依不舍,
秋天伴着红叶随波飘零。
黑夜时升起诗意的雾,
把岸边的茶树温情呵护。
白天托着光阳在浪尖起舞,
让浪花绽放出心中的光明。

小溪啊小溪,
你如我,我如你。
盼你流入我的茶壶里,
溶解茶香茶韵,
和我融为一体!

玛瑙杯给茶的情书

——2016年得年轻陶瓷艺术家沐焰忠伟的作品而作

我历经高温炼狱，

成就了坚毅刚强。

你受尽百般蹂躏，

煎熬出心灵芬芳。

茶啊！

我们虽未患难与共，但却是一对苦命鸳鸯。

茶啊！

我是你终生的等待，你是我命中的新娘。

一旦我们应缘结合，

世界即变成天堂！

○［江山在握］玛瑙杯

问茶
——2015 年元旦作于读月斋

（其一）

茶叶的故事在哪里？

在炎帝神农的传说里。

神农的传说在哪里？

在唐代陆羽《茶经》里。

陆羽的《茶经》在哪里？

在古今茶人的诗词里。

茶人的诗词在哪里？

在千家万户的茶杯里。

啊哩赛啰赛，

在千家万户的茶杯里！

啊哩赛啰赛，

在千家万户的茶杯里！

（其二）

茶叶的神奇在哪里？

在马帮头骡的铃声里。

一四六 茶韵心香（典藏版） 林治茶诗三百首

茶叶的魅力在哪里？
在洗心涤髓的茶汤里。
茶叶的浪漫在哪里？
在阿哥阿妹的情歌里。
茶叶的生命在哪里？
在你我幸福的心窝里。
啊哩赛啰赛，
在你我幸福的心窝里。
啊哩赛啰赛，
在你我幸福的心窝里！

卷一 自由诗

当我老了
——六如茶痴写于七十三岁生日

当我老了,白发苍苍。
曾荣获长跑冠军的腿脚,
上楼时会一步一颤。
但是,
我会拄着拐杖,
依然浪迹天涯去寻访茶山。

当我老了,满脸沧桑。
纯真、朝气、坚毅都已成过往,
满脸皱纹刻着生活的辛酸。
但是,
我会对着镜子,
欣赏自己淡定从容的目光。

当我老了,背驼腰弯。
连提桶水都感到十分困难,
甚至已无力识别茶香。
但是,

我仍然会每日玩茶,
像儿时一样尝试调茶的配方。

当我老了,
请你帮我翻出这首诗看看。
你会发现茶人童心不老,
老去的只是岁月时光!

老人的眼光

童年时看世界,眼中皆童话的梦幻。

青年时看世界,曾激起满腔的浪漫。

如今,

用老年的眼光看世界,

看出了人生深层的答案:

这个世界,没有一朵花专为你开放。

这个世界,没有一只鸟专为你歌唱。

你要明白,成长必须改变自己的眼光。

老来看自己,

要看轻看淡。

老来看人心,

要看透看穿。

演了一辈子戏,

到老了别再装模作样。

你看,

日历快翻到了尽头,

要设法让剩下的每一页,

都更有分量。

过去爱看朝阳如火,

曾用它激发豪情,
无知无畏地表演了一场。
如今爱看夕阳如血,
仿佛心灵受了伤,
孤单地悬挂在天边一样。
用老眼看透人生,
泡壶苦茶独品,
静静地安享剩余的时光,
感悟苦后回甘的酣畅!

◎雪中的脚印

雪中的脚印

下雪啦！
漫天飘舞的雪花，
美如天使，
张开圣洁的翅膀，
邀我一起飞翔。

下雪啦！
辽阔苍茫的大地，
银装素裹，
折射着圣洁的月光，
美如童话般梦幻。

下雪啦！
世界变得很美，
但是最美的雪景
是我踏出的那排脚印。
我步履蹒跚，
我踽踽独行，
我朝着太阳，
踏出对人生的希望！

面向大海

面向大海,
敞开胸怀,
让海风驱散闲愁,
不留一丝悲哀。
从浪的激情潮的信义,
和海鸥的自由,
去领悟做人的情怀。

面向大海,
心扉顿开,
临窗煮壶老茶,
向夕阳献上深沉的爱。
看茶芽在水中涅槃,
从茶的沉浮和甘苦,
品味生命的精彩。

◎ 与老友余悦茶海一游

卷二 七言古诗

一、品佳茗

武夷山御茶园品大红袍[1]

青山妩媚相对坐,风送溪声萦耳边。
闲煮石乳沏红袍,不羡帝王不羡仙。

◎不羡帝王不羡仙

[1] 武夷山御茶园位于风景如画的九曲溪畔,创建于元大德六年(1302年),现为武夷星茶业有限公司的茶科所和茶叶品种园。大红袍被尊称为"武夷茶王",是清代贡茶中的极品,具有岩骨花香的独特风韵,清代乾隆皇帝品饮各种贡茶之后赋诗赞曰:"就中武夷品最佳,气味清和兼骨鲠。"如今去武夷山旅游,在御茶园"当回皇帝过把瘾,品啜茶王大红袍"是值得体验的一大乐事。

与湘女品丹增尼玛[1]

杯中茶汤摇倩影,金花菌香沁人心。
湘女面含芙蓉色,笑把流霞频频亲。

[1] "丹增尼玛"是湘茶集团开发的金花茯茶的巅峰之作,研发团队于2016年荣获国家科技进步二等奖。此茶不仅菌香优雅,汤色靓丽,口感醇爽柔滑,回甘明显而持久,对防治"三高"、降脂减肥、调理肠胃、防治心脑血管疾病的功效较为显著。

品刘安兴大红袍 ❶

梦中几度到武夷,闻道红袍韵最奇。
岩骨花香醍醐味,令人一啜爱不移!

◎ 名壶试水,两尺不散花

❶ 刘安兴是武夷山大红袍制作工艺非物质文化遗产的新一代传承人,被茶友们戏称为"军长",因为他有三个"师":国家一级茶叶审评师、国家高级茶艺技师、国家高级制茶工程师。刘安兴所做的武夷岩茶是西安六如茶艺培训中心的教学标准茶样,我对此款茶的评价是:品种特征明显,岩骨花香销魂!

君山岛夜品君山银针[1]

潇湘夜雨添新凉,洞庭秋风送菊香。
夜静品罢君山茶,痴待湘君入梦乡。

[1] 君山银针属于黄茶类,产于湖南岳阳洞庭湖中的君山岛,是中国历史上的十大名茶之一,芽头茁壮,长短粗细均匀,形细如针,外层白毫显露,故名君山银针,雅称"金镶玉",具有清热降火、明目清心、提神醒脑、消除疲劳、缓解压力、缓解酒醉、拮抗烟毒、美容养颜、塑身健美、除痘祛斑、抗氧化、增强免疫力、抑制癌细胞的功效。清代被列为贡茶,滋味甘醇甜爽,久置不变其味。目前较为著名的生产企业是湖南省君山银针茶业有限公司,这是由湖南省湘茶集团和湖南省岳阳市供销合作社、君山公园等单位共同出资组建的,集茶叶科研、种植、加工、销售、茶文化传播于一体,是"国家级农业产业化重点龙头企业"。

北斗岩茶研究所品半天妖[1]

淡淡烟雨柔柔风,武夷无处不销魂。
闲来倚窗听春雨,独把茗盏向黄昏。

[1] "半天妖"原产于三花峰绝顶的悬崖上,香气馥郁似蜜香,滋味浓厚回甘明显,是武夷岩茶的珍稀品种,大红袍从"名丛"升格为"品种"之后,"半天妖"被补入武夷岩茶四大名丛之中。北斗岩茶研究所是武夷岩茶泰斗陈德华先生的二公子陈拯创办的,生产的"半天妖"香气高锐,岩韵明显,非常适合作为茶叶审评的标样。

◎ 武夷山天游峰

天游峰顶雨中品"牛肉"[1]

杯中茶冷已无烟,好茶贵在回味甜。
雨骤风狂山中景,七碗茶罢心自闲。

[1] 武夷山天游峰位于九曲溪畔,风景奇秀甲武夷。旅游界有种说法:"到武夷山没坐竹排等于白来,没登天游等于没游"。在天游峰顶煮一壶泉水,冲一泡"牛肉",俯瞰碧水丹山,仰望蓝天白云,把盏品茗,不用"七碗"即可"两腋习习清风生"。"牛肉"是牛栏坑肉桂的简称。肉桂是武夷岩茶的三大当家品种之一,原产于马枕峰,香气高锐,茶汤浓郁、刺激性强,是对心灵最有震撼力的武夷岩茶。

品武夷星陈年大红袍 ❶

岁月流逝奈茶何？时光积淀养太和。

莫夸普洱老茶好，陈年红袍韵更绝！

◎武夷山戏猴

❶ 武夷星茶业有限公司提出了一个口号——"从星"认识大红袍，所以他们十分注意为客户提供不同年份及不同风格的大红袍。武夷山民间流传着一句话："武夷岩茶当年是茶，三年是药，十年即成宝"，到武夷星若有缘能品到存放了十年以上的大红袍，那是茶人梦寐以求的福报。

天心禅寺品铁罗汉[1]

闲对禅茶独沉吟,茶禅一味传古今,
品到味味皆法味,人与梅花一样清。

---

[1] 天心禅寺位于武夷山景区的中心,被许多名岩环抱,左青龙,右白虎,前朱雀,后玄武,还有五块巨岩宛如五匹大象朝着禅寺遥拜,风景极佳。禅寺创建于唐代,现是著名的旅游景点。铁罗汉是武夷岩茶的四大名丛中历史最悠久的品种,原产于内鬼洞,相传宋代时就十分著名,其香气浓郁悠长,滋味醇厚甘鲜,加上它的茶名与佛教有天然的联系,所以十分适宜作为禅茶。

品六安瓜片 ❶

天赋奇韵最沁心,地孕妙香可通灵。

可笑贾母等闲辈,不识瓜片是仙茗。

---

❶ 六安瓜片是片型烘青绿茶,创制于清代末年,产于安徽省六安市、金寨县、霍山县一带,以金寨县齐头山所产的最为有名,曾被评为中国十大名茶。陈宗懋院士主编的《中国茶经》中评价说:"在我国名茶中独树一帜,采摘、扳片、炒制、烘焙技术皆有独到之处,品质也别具一格。"

与茶友品罢赖茅品龙井[1]

三杯赖茅人微醉,七盏龙井心自清。
与友笑谈竹林下,虚心有节两知音。

[1] 茶友金秋明既是茶人又是酒仙,那天他请我喝的"赖茅"酒,创制于1862年,是突破了历史上的酒类酿造的传统工艺,独创"回沙"工艺,研究出风格最完美的酱香大曲酒,有"赖茅不赖,享誉中外"的美誉。龙井茶是中国传统名茶,原产于杭州西湖龙井村一带,具有一千两百年的历史,具有"色绿、香郁、味甘、形美"的四大特点,被茶人称为四绝名茶。

祁门品祁红 ❶

有幸祁门品祁红,贵妃杯中展芳容。
樽前论茶愧道浅,唯愿祁红更走红。

❶ 祁红属于工夫红茶,创制于清代光绪元年(1875年),因主产于安徽省祁门县而得名,是祁门红茶的简称,1915年在巴拿马万国博览会上荣获金奖。祁红外形条索紧结、金毫显露,色泽乌黑泛"宝光"。香气浓郁高长,似蜜糖香,又蕴有兰花香,这种独特的地域香被国际茶业界人士称之为"祁门香""王子香"。祁红的汤色红亮艳丽如红宝石,滋味醇厚甘鲜、回味甜润隽永,加奶后汤色粉红,滋味更加鲜美爽滑,深得中外茶人的喜爱。

黄山猴坑品太平猴魁 ❶

喜在猴坑品猴魁,杯中春波唤春回。
凌波仙子初浴罢,翘首慵望知为谁?

❶ 太平猴魁为历史名茶,属绿茶类,创制于清代末年,主产于黄山市黄山区(原太平县)一带,主要的茶树品种为"柿大茶种",核心产区在猴坑、猴岗、颜家三个村民组,太平猴魁外形两叶抱芽,平扁挺直,自然舒展,白毫隐伏,有"猴魁两头尖,不散不翘不卷边"之称,芽叶肥硕、重实、匀齐;叶色苍绿匀润,叶脉绿中隐红,俗称"红丝线"兰香高爽,滋味醇厚回甘,香味有独特的"猴韵",汤色清绿明澈,叶底嫩绿匀亮,芽叶成朵肥壮。品饮时能领略到"头泡香高,二泡味浓,三泡、四泡幽香犹存"。

印江县品梵净山翠峰茶 ❶

半年五度贵州行，喜得仙茗涤凡心。

梵净翠峰世罕见，一脉心香贯古今。

---

❶ "梵净翠峰"是贵州省印江土家族苗族自治县的名茶，原料采于梵净山上海拔800～1300米生态茶园，梵净山翠峰茶，贵州省印江土家族苗族自治县所产茶叶品种之一。因主产于该县境内武陵山脉主峰——梵净山而得名。产品原料采自梵净山800～1300米海拔高度的福鼎大白茶群体品系茶园，产品具有"色泽嫩绿鲜润、匀整、洁净；清香持久，栗香显露；鲜醇爽口；汤色嫩绿、清澈；芽叶完整细嫩、匀齐、嫩绿明亮"的特点，赢得业内专家一致好评和消费者的喜爱，2005年获准地理标志产品保护。

与戎玉廷先生品勐库茶魂 ❶

临沧茶乡四季春,勐库茶魂最销魂。
若问平生快意事,戎氏茶厂煮清泉。

---

❶ 勐库戎氏茶厂是云南省首批通过 QS 认证的五宗普洱茶企业之一,茶厂建于双江县,主要的基地为勐库大雪山和半坡冰岛山,公司致力于打造"勐库"牌系列无公害放心普洱茶,"茶魂"是其中的精品。

云南景迈山品生普洱❶

林深时有花献媚,心静便觉鸟知音。
万里追梦云归处,觅得禅茶涤凡心。

---

❶ 景迈山位于云南省普洱市澜沧拉祜自治县惠民乡,海拔1500米,年降雨量1800毫升,这里的千年万亩野生乔木大叶种古茶园是目前世界上保存最完好、年代最久远、面积最大的人工栽培型古茶园,被誉为"世界茶文化历史自然博物馆",是中国茶文化发展史的活见证,也是世界茶文化的根和源。

重庆东温泉品永川秀芽 [1]

池畔翠竹伴青松,听泉听雨又听风。
醉泡温泉品秀芽,此身如在童话中。

重庆东温泉品永川秀芽 [2]

永川秀芽昨夜品,今朝唇齿尚余香。
此地泉茶两奇绝,客来必醉温柔乡。

[1] 永川秀芽创制于1959年,产于重庆市永川区(原四川省永川县)。它象征着秀丽幽雅的巴山蜀水,也反映出色翠形秀的名茶特色。永川秀芽的鲜叶以"早白尖""南江茶"等良种茶为优,标准为一芽一叶初展或开展,要求芽叶完整,新鲜,洁净。成品茶条索紧直细秀,翠绿鲜嫩,汤色清碧明亮,香气幽雅,口感甘鲜醇爽。

[2] 重庆东温泉当属中国第十、西部第一的风景秀丽之地。永川秀芽是重庆的十大名茶之一,属于绿茶类,条索紧直细秀,色泽翠绿,汤色清绿,叶底嫩绿,香气清幽高雅,滋味鲜甘醇爽,泡在温泉中喝最妙。

赵州柏林禅寺品茶 ❶

茶痴生来爱佳茗,神州问茶万里行。
连啜七碗赵州茶,从谂古佛成知音!

❶ 唐代从谂禅师被人尊为赵州古佛,驻世120年,在赵州弘法,以"吃茶去"公案传世度人。赵朴初居士有诗云:"七碗受至味,一壶得真趣。空持百千偈,不如吃茶去"。白茶是中国特有的茶类,采来的茶青不炒、不蒸、不揉、不捻,直接晾干或文火低温烘干即可。主产于福建省的福鼎市与政和县。

◎ 赵州柏林禅寺古塔

景谷茶厂品"月光美人"[1]

无量山下又逢春,奇茗对我展芳容。
月光美人最有韵,一啜三日都销魂。

◎月光美人

[1] 景谷傣族彝族自治县位于云南省西南部,是大乘佛教和小乘佛教交融之地,域内有佛祖脚印、佛祖手掌印及众多佛教名胜,有佛迹胜地之称。无量山云南省的著名山脉,在景谷县内的面积2581平方公里。"奇茗"是指景谷县的优良茶树品种秧塔大白茶,用秧塔大白茶的嫩芽嫩叶晾干的茶称为"月光白",昵称"月光美人",此茶甘鲜醇爽,品后刻骨铭心,令人难以释怀。

泛舟杭州西湖品龙井[1]

丽日和风示温馨，水光山色与人亲。
泛舟西湖品龙井，"四绝"回味到如今。

[1] 龙井茶的品质特点为"色绿、香郁、味醇、形美"，因此被誉为"四绝名茶"。

贵州省郎德苗寨品雷山银球[1]

郎德古寨存古风,雷山银球最勾魂。
山歌佐茶身心醉,欲留苗寨做茶翁。

[1] 郎德苗寨位于贵州雷山苗族自治县的苗岭腹地,距凯里市29公里,全寨118户,分为上下两寨,其中上寨是旅游景点,依山傍水,茂林修竹掩映着古朴的苗家吊脚楼,整整齐齐、干干净净的鹅卵石小径蜿蜒通幽,在保持着原生态的苗家木屋中和苗族兄弟姐妹一曲飞歌一碗酒,一曲山歌一盏茶,实在是快活似神仙。那一天,我和县政协的陈主席喝的是雷山银球茶,这茶荣获2015年贵州省绿茶茶王称号,并被评为世博会百年金奖名茶,荣获"金骆驼奖"。

梅家坞"有美堂"中品葛龙牌狮峰山龙井

闲邀茶友访知音,有美堂中美梦新。
观鱼听泉倚荷影,纸窗夕阳最温馨。

与释界隆法师天荒坪品安吉白茶 ❶

地老天荒前世约,今日喜结缁素缘。

师是皎然通三藏,度我一杯不老泉!

◎陆羽阁

❶ 天荒坪是安吉白茶的祖庭。白茶是茶树白化变异后的名贵品种,在宋徽宗的《大观茶论》中便有记载,后来失传很久。1982 年在安吉县天荒坪镇 800 米的高山上发现一株,作为母树,经当时县林科所技术员刘益民等剪穗繁殖成功,逐步在全国主要茶区推广。安吉白茶属于绿茶类,但是口感比其他绿茶更加清爽甘鲜,提升免疫力的功效突出,因此深受消费者欢迎。天荒坪有一口"不老泉",与白茶是绝配。

◎雪中品雪芽

雪中登峨眉金顶品雪芽 ❶

惊蛰问茶峨眉巅,喜见瑞雪舞翩翩。
踏雪仙山品雪芽,不是神仙也是仙!

❶ 峨眉雪芽是千古名茶,唐代称为"峨眉白芽",宋代时有"雪香""清明香"等雅号,盛产于峨眉山海拔800～1200米处,常年云雾空蒙的赤城峰、白岩峰、玉女峰、天池峰、竞月峰下和万年寺一带。茶叶具有扁、平、滑、直、尖的特点,泡之香气清香馥郁,色泽嫩绿油润,汤色嫩绿明亮,口感清醇淡雅,叶底嫩绿均匀。

品茶祖 [1]

半盏月光半盏茶,半涤心田半解乏。
半俗半雅品茶祖,半分闲情醉流霞。

[1] 此诗为2016年在北京饭店鞠肖男茶文化工作室品产于临沧大雪山上的古树茶时即兴而作。

一八二　茶韵心香（典藏版）　林治茶诗三百首

卷二　七言古诗

一八三 茶韵心香（典藏版） 林治茶诗三百首

卷二 七言古诗

夏品冰岛茶 ❶

一壶冰岛一炉烟，禅心洗净似白莲。
长安三伏火烤城，有茶便是清凉天。

❶ 诗中的"冰岛"是指产于云南临沧市勐库冰岛村的大叶种茶，这种茶回甘持久、细腻，滋味饱满、醇爽、多变，蜜香馥郁，被誉为"普洱皇后"。冰岛村委会管辖五个村子：冰岛、地界、糯伍、南迫、坝歪。冰岛古树茶，初入口苦涩度非常低，但丰富的层次感在茶汤咽下后会逐渐展开，馥郁清爽的茶味细腻地撩拨着味蕾，回甘怡人，具有大家最熟悉的冰糖香。几泡之后喉咙部位会有清凉甜爽的感觉，舒适宜人。

品陈升号雨林大树普洱茶 ❶

老茶根茎披苍苔,敢问仙人何时栽?

一品雨林古茶味,禅心顿悟见如来。

---

❶ "陈升号"为云南勐海陈升茶业有限公司于2009年10月28日注册成功的商标,是以董事长陈升河先生的名字命名的品牌。陈升河先生是专家型企业家,具有三十多年经营茶产业的成功经验,茶叶的审评、拼配和烘焙火功的掌握是他的三大绝活。2006年在经过三个多月的深入考察之后,陈先生以独特的眼光把经营重点从深圳转移到勐海,经营的产品从乌龙茶改为普洱茶,十年间先后在老班章村、南糯山半坡老寨、易武镇等地建立了生产基地,开发了"老班章""金班章""复原昌"等系列优质产品,随着企业的快速发展,目前已成长为普洱茶中大树茶领导品牌。

◎古老茶树披苍苔，疑是仙人史前栽

二、品意境

月夜品茗赏梨花

冷面佳人淡脂粉,热心炉火恋茗烟。
茶罢喜践梨花梦,月移花影到枕边。

邀月品茗记梦

邀月品茗曲江前,茶罢噙香月下眠。
人道茶醉多美梦,此梦羞于对君言。

六如茶艺师秦岭品茗

一曲天籁茶一杯,一溪清流逐云烟。
一句法语吃茶去!一缕禅意润心田。

品茗上海茗邦堂 ❶

篱旁凌霄秋著花,绿叶浓荫隔喧哗。
斜阳庭院陪鱼乐,闲靠竹椅静品茶。

---

❶ 上海茗邦堂是茶文化宣传大使、倚邦公主李宝儿创办的普洱茶会馆,环境闹中取静,古雅清幽,恬淡自然。

◎上海茗邦堂

◎喜马拉雅山下

喜马拉雅山下休闲 ❶

鸟声水声伴梵音,花香茶香皆可亲。
斜倚吊床读闲书,云聚云散不关心。

❶ 陈建霖先生是武夷山自然景观和生态环保的第一人,中央电视台曾用上下两集电视专题片报道过他的感人事迹。陈建霖自称"狗官建霈",意为自己甘做武夷山的"看家狗",他还是一位自学成才的奇才,精通书法、绘画、雕塑、建筑、诗词,为武夷山留下了许多传世佳品。

品茗武夷山

深入仙山知几重？微微细雨柔柔风。
此处应无俗客到，山花含笑迎茶翁。

诗岛月夜品茶 ❶

登临诗岛当吟诗，吟诗最宜月明时。
活火煮泉品幽趣，几缕茶香绕花枝。

❶ 诗岛指温州市的江心屿。该屿是中国四大名屿之一，岛上风光秀美，双塔凌空，古寺庄严，被誉为"瓯江蓬莱"。历代著名诗人谢灵运、孟浩然、韩愈、陆游、文天祥等都留曾迹于此，因此也称为诗岛，值得一游。

重游武夷山御茶园品茗[1]

此山此水韵如何?如诗如画感慨多。
青山不改当年绿,往事如烟逐逝波!

[1] 武夷山元代御茶园建于元大德六年(1302年),1997年我在这里培训了第一批茶艺师,并在此编著出版了《武夷茶话》《中国茶道》《中国茶艺学》等三本书。

◎ 御茶园富贵龙门

与武夷岩茶泰斗陈德华先生品茶[1]

满院幽兰正著花,山中净土茶人家。

老友相聚茶当酒,七碗生风乐无涯。

---

[1] 陈德华先生是武夷岩茶泰斗,媒体称之为"大红袍之父",是我的良师益友。

武夷星茶苑月夜读书品茗

窗外冷月照芭蕉,读罢断桥读康桥。
人生闲愁为情困,一盏苦茶品寂寥。

万松禅院品茗听松 ❶

燕赵寒夜月朦胧,万松禅院夜听松。
灵山瑞气传天籁,风送梵音入耳中。

---

❶ 万松禅院位于河北省唐山市景中山景区内,这里是难得的世外桃源,可在绿树蓝天的自然风光中享受暮鼓晨钟的神悦。

武夷山庄品茗记梦 ❶

山庄背倚幔亭峰,仙山处处有仙踪。

昨夜茶罢梦玉女,竟随茶香入画中!

◎问茶牛栏坑

❶ 武夷山民间传说皇太姥曾在幔亭峰顶宴请群仙。玉女峰是武夷山的标志性山峰,屹立在离武夷山庄不远的九曲溪边。

野趣

一溪一桥一茅屋,一炉一盏一瓦壶。
仙子唤我吃茶去,是清福兮是艳福?

◎茅屋的诱惑

晨探止止庵品茗

古庵处处布苍苔,山门未晓已洞开。
道长烹茶迎远客,一缕清香扑面来。

悟

当行则行,当止则止。
止其所止,方为悟道。

◎武夷山止止庵

咏菊寄遥

冬夜菊香更清新,半染书斋半沁心。
煮泉邀菊品佳茗,菊茶皆是我知音。

微雨中告别少林

苍天亦有惜别泪,古刹风铃奏离歌。
临别奉师茶七碗,禅者惜缘是本色。

少林晨曲

古刹清晨茶飘香,风吹山花落空廊。
静听殿檐风铃响,少林寺里处处禅。

闲

结庐青山依茶园,白云半间我半间。
听香听泉听天籁,茶翁茶心比云闲。

幔亭峰夜游品茗 [1]

梦回幔亭忆旧游,铁笛 [2] 吹残茶林秋。
玉女临溪空照影,最怜盏中月如钩。

◎武夷三圣

[1] "幔亭峰"和"玉女峰"都是武夷山三十六峰中的著名的山峰。

[2] "铁笛"是指在武夷山修道成仙的道士张铁笛。

品孤独

愤世嫉俗未脱俗,恋花恋月恋玉壶。
何当把茶喝通透,居闲趣寂品孤独。

普洱市梅子湖夜品茗

梅子湖畔沐秋风,花香竹韵伴劲松。
更喜碧空勾魂月,倩影投入茶杯中。

三、品禅韵

品茗读经

闲煮香茗颂佛经,松风泉声皆法音。
喝茶未必能得道,杯中花影乱人心。

天山滑雪场品茶

白雪浓雾锁天山,红尘仙阙两茫茫。
竹炉汤沸心自暖,热茶一盏便是禅。

雨夜品茶

寒风吹雨雨打窗,一盏热茶万境闲。
花残叶落窗外景,浮生与我不相关!

赵州柏林禅寺品茶

一塔擎天天不老,庭前古柏发新枝。
月夜同品赵州茶,茶韵禅意心自知。

品天心禅茶 [1]

昨夜初悟茶三昧,心窗从此为佛开。
莫道禅机深难测,半盏清茶见如来。

◎品天心禅茶

[1] "天心茶禅"是指武夷山天心永乐禅寺出品的禅茶。天心寺的法师多精于制茶,方丈释泽道法师曾荣获"武夷山名丛茶王"之美誉。

与释界隆法师品茶[1]

闲心闲情闲读月,品茶品味品人生。
如梦如幻如泡影,活在当下才是真。

[1] 释界隆,浙江长兴县寿圣寺方丈,吉祥寺(大唐贡茶院内)、云林禅寺住持。2013年第八届世界禅茶文化交流大会总策划,复旦大学新闻系毕业。1999年于上海圆明讲堂礼世良法师出家,2003年依圆成大和尚常住长兴寿圣寺,现任浙江省佛教协会常务理事、湖州市佛教协会第一副会长、长兴县佛教协会会长。湖州市书法家协会会员,长兴县书法家协会顾问,西泠印社社友会会员。

◎ 与释界隆法师在喜马拉雅山脉营地迎日出

福建建瓯光孝寺冷水泡茶

慈航处处度迷津,有缘吉时古寺行。
莫怨而今丹灶冷,冷水泡茶更清心!

少林寺夜品茗

古刹品茗夜已深,秋风多情送梵音。
银河似已悟禅意,为我点亮满天星。

奉君一盏六如茶

奉君一盏六如茶,细嚼清风味尤佳。

洗尽凡尘心自爽,快意人生乐无涯!

◎ 在香港国际会展中心讲茶

品茶偶得

平生纠结我是谁？郁闷难解苦品茶。
忽然顿悟我是我，心香一瓣发莲花！

巴南东温泉品茗夜浴

仰望星空寻自性，叩问心灵求本真。
温泉涤心明上善，茶醒尘梦见法身。

"云在青天水在瓶"两首

注：唐代的政治家、哲学家、诗人李翱在任湖南澧州刺史时十分敬仰药山高僧惟俨禅师，曾亲自拜山请教"如何是道？"惟俨禅师一言不发，用手上下一指问："懂了吗？"李翱茫然。于是惟俨禅师示曰："云在青天水在瓶"。李翱当下欣然顿悟，回府后作了两首偈。

其一：练得身形似鹤形，千株松下两函经。我来问道无余说，云在青天水在瓶。

其二：选得幽居惬野情，终年无送亦无迎。有时直上孤峰顶，月下披云啸一声。

我根据自己的愚见也写了两首《云在青天水在瓶》。

其一：

"云在青天水在瓶"，茶入谁口润谁心。

千古春色示禅意，花红柳绿草青青。

其二：

"云在青天水在瓶"，冷月热茶各有情。

悟得药山禅师语，紫砂壶中可修行！

陆羽像前品茗有感

自古茶人无凡圣,我与陆羽是知音。
调整时差同品茗,杯茶品出天地心!

◎湖州陆羽阁

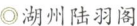

二一一 茶韵心香（典藏版） 林治茶诗三百首

卷二 七言古诗

雨夜品茗读《心经》❶

窗外风冷雨昏朦，杯中茶暖映晴空。
夜读心经心灯亮，万象朗朗映茶中。

◎陆羽像

❶《心经》全称《般若波罗蜜多心经》，是世界上篇幅最短，含义最深的宗教经典，用260个字浓缩了600卷《大般若经》的精华，破解人生真相，洞见人生真境，使人胸怀开阔，达到妙不可言的极乐境界。

佛说

茶香无情弃俗骨,醍醐有缘涤浊肠。
佛指茗盏传法语,拿起放下即是禅!

禅

黎明静听雨打窗,闲倾山泉煮龙团。
禅心已似杯中茶,暗发清香不起澜。

长安秋月

碧空心海两无尘，闲赏古月照古城。
茶熟开怀喝七碗，当下我便是茶神。

禅茶

一杯禅茶敬祖师，杯空杯满两由之。
莫论达摩西来意，真空妙有几人知？

自叙

戴上草帽是茶农,披上纳衣是禅翁。

君问茶道我指月,一切尽在不言中。

浙江长兴寿圣寺修习禅茶

窗外翠竹窗内兰,古刹梵乐音绕梁。

瓦壶水沸茶飘香,钟声云影皆是禅!

山中勐海县访隐士高峰禅居

山中桃花酿春酒,禅房古泉煮新茶。
不问今日头条事,闲把茗盏话桑麻!

◎把茗盏,话六如

四、其他

祭叔公林觉民 ❶

少年不望万户侯，碧血柔情写春秋。
两书青史映日月，晚辈以茶继风流！

---

❶ 林觉民（1887—1911），字意洞，号抖飞，是我的叔公。他自幼聪慧，敏而好学，才华出众。光绪二十六年（1900年）遵父命参加科举考试时却无意博取功名，遂在考卷上写了"少年不望万户侯"后离场而去。后来叔公参加同盟会黄兴领导的广州起义，受伤被俘，从容就义时年仅24岁，成为"黄花岗七十二烈士"之一，"两书"是指他的两封绝笔信：《禀父书》《与妻书》。他生于福州，长在福州，酷爱福州花茶，故我在此诗中曰"晚辈以茶继风流"。

◎ 与叔公"对话"

题林治茶文化工作室

心中有佛家亦寺,禅心处处沐春风。
甜茶苦茶皆法味,茶喝透时道自通。

悼中国茶文化大师陈文华兄 ❶

忆君往事隔云烟,携手论茶十八年。
慈航度君彼岸去,天堂又多一茶仙!

---

❶ 陈文华先生是我国著名的茶人,于1935年出生于福建省厦门市,1958年毕业于厦门大学历史系。曾任江西省社会科学院副院长、江西省茶叶协会名誉会长、江西省中国茶文化研究中心主任、中国国际茶文化研究会高级顾问,浙江林业大学茶文化学院客座教授、《农业考古》主编,对弘扬我国的茶文化做出了卓越的贡献。先生于2014年5月14日20时07分在出差途中不幸逝世,特作此诗悼念。

知足

一炉一盏一瓦壶,一窗风月一丛竹。
一曲天籁一首诗,一啜一咏一生足。

茶罢一叹

窗外东风又催春,弹指此生近黄昏。
名利送与陌上客,闲座茶室听松风。

六如茶艺师赞

雅如幽兰美如莲,不染红尘心自闲。
从谂和尚若在世[1],定请煮茶供佛前。

◎六如茶天使艺术团

[1] 从谂和尚(778—897)亦称赵州古佛,唐代高僧,是禅宗史上震古烁今的大师,80岁高龄时驻锡赵州观音院(今柏林禅寺)弘法40年,驻世120年,留下"吃茶去"著名公案。

题后柳老街古道茶馆[1]

唐代老街临汉江,古道茶馆好风光。
茶圣陆羽曾到此,后柳千年飘茶香。

[1] 后柳老街即后柳古镇所在地,是秦巴名地,汉水之滨的千年古镇,享有"汉江三峡第一镇"的美誉,位于陕西省石泉县南18公里。传说唐代茶圣陆羽问茶时曾到过此处。

攀登张家界天波府 ❶

奇峰峭拔入碧空,天波府在白云中。
莫道茶人多文弱,敢攀危崖御长风。

○ 爬上"天波府"

❶ 张家界天波府景区地势险要,风景奇秀,其中的天波府观景台是俯瞰三千奇峰,八百秀水的最佳处,满目奇景美不胜收,笔者有幸曾到此一游。

茶壶中种茶
——访商品大红袍之父陈德华先生

冒雨问茶到山家,喜见壶中育一茶。

主人不期有收获,但求相伴乐无涯!

◎茶、壶两相伴

今夜又做儿时梦

小园竹丛扑流萤,芳草池塘夜听蛙。
归来又做儿时梦,月下泡茶祭落花。

洛阳白马寺问石马

白马寺外独沉吟,佛法西来日月新。
送法白马若尚在,可肯伴我驮茶经?

◎白马寺"问马"

夜游嵩山待仙谷 ❶
——听谭盾大师禅宗音乐大典

空山空谷心空灵,夜空如水晚风轻。
月下品茗听禅乐,每个音符皆梵音。

❶ 待仙谷在中岳嵩山脚下,距少林寺不远。谭盾大师的实景禅宗音乐大典依山借势,气势恢宏,能引得山谷共鸣,令人涤心洗髓。

茶酒两生花

自古茶酒两生花,品罢甘露❶醉流霞。
茶人包容且潇洒,情到深时酒亦茶。

◎世倩调茶

❶ "甘露""流霞"都常用作茶或酒的代名词。

春日疯语
——茶痴心声

大梦醒来春已深,落花哀怨听未真。
茶人常怀忧国恨,瓦壶敲出金石声。

问壶

问壶肚大可容禅?壶嘴朝天不屑言。
倾身奉我茶一盏,禅韵悠悠润心田。

柏林禅寺万佛殿前茶会[1]

万佛殿前聚万众,禅寺茶会禅意浓。
愿随从谂吃茶去,凡心开悟与佛同。

◎杯中茶空心亦空

[1] 2015年10月7日,第十届世界禅茶大会在赵州柏林禅寺召开,高峰论坛之后,来自全国各地的禅茶爱好者在万佛殿前布了100个茶席,表示禅茶文化也要百花齐放。

唐代贡茶苑采茶
——带六如禅修班采茶于吉祥寺（贡茶苑）❶

昨天挖笋今采茶，寺前佳茗发灵芽。

欣逢紫笋开园日，六如仙子乐无涯。

◎陆羽阁下采茶忙

❶2013年春，我率六如茶仙子们到浙江省长兴县吉祥寺采茶。吉祥寺位于长兴大唐贡茶院内。紫笋是唐代贡茶。

寿圣寺绕塔 [1]

昨夜禅茶润枯肠,今晨宝塔现佛光。
潜心绕塔三千转,从此苦海得慈航。

◎心地光明

[1] 据《涅槃经》等大乘佛教经典记述,佛塔是佛陀的意所依。小乘佛教的《根本律释》中云:"佛塔即法身"。因此绕塔功德巨大,潜心绕塔可使人"远离于八难""一切罪障皆得消灭"。不过《华严经》中说得很明白,绕塔必须顺时针,至少绕三匝,如果逆时针绕不仅没有功德,而且有大过。

元宵夜寄友人
——2016年元宵夜作于读月斋

茶香月色满画楼,枕书读月忘春秋。

古都长安元宵夜,苦茶涤心洗闲愁。

春分时节拜茶王
——2021年3月20日作于云南勐海南糯山

春分踏露入仙山,穿越云海拜茶王。

超脱红尘看世界,传承陆羽一脉香。

◎南糯山拜茶王

卷三 七言杂诗

品"品品香"白茶[1]
——赠品品香茶业董事长林振传

辞别仙山整七年,再来又是金秋天。
当年白茶已成宝,一碗饮罢几欲仙。
更喜知己创伟业,太姥山下谱新篇。
此来共商弘茶道,誓让茶香满人间。

[1] 福鼎市的太姥山有"海上仙山"之誉,是中国白茶的主产区。出产的白茶有"当年是茶,三年变药,七年成宝"之称,因其甘醇清甜的口感和清肺清热的保健功效而深受广大茶人喜爱。

寿圣寺习茶禅修有感 ❶
——赠寿圣寺方丈释界隆法师

有缘际会寿圣寺，得师法雨润莲花。
空不异色谁是我？色即是空何处家？
茶涤心源法身现，裁片祥云做袈纱。
归来再品六如茶，心空倍觉茶味佳。

◎释界隆法师

❶ 寿圣寺位于浙江省长兴县水口乡顾渚风景区内，始建于三国，距今已有1700多年的历史，曾为浙北首刹，现在的方丈释界隆法师不仅是一位精通佛法的高僧，并且在书法、诗词、摄影等领域皆造诣精深。

抒怀
——与六如家人共勉

今生有幸修茶道，心破桎梏游九霄。

嫦娥寂寞相伴舞，牛郎把酒醉滔滔。

神仙尚且不如意，何不伴茶乐今朝？

悟彻佛祖六如偈，放下执着愁全消！

❶ 在《金刚经》的结尾，佛祖如来偈曰：一切有为法，如梦幻泡影，如露亦如电，应作如是观。

我把佛祖的偈整理成对联的上联"如梦如幻如露如电如泡影"，对了个下联"惜花惜月惜情惜缘惜人生"。

◎采摘母树大红袍

遵义凤冈问茶 ❶
——2016 年春作于遵义机场

御风千里到遵义,春雨初歇云脚底。
青山依然旧时景,绿水喜泛新涟漪。
茶园灵芽探头笑,秀色连云与天齐。
此行凤冈问茶去,未品仙茗心痴迷!

---

❶ 我曾应邀担任贵州省凤冈县首席茶文化顾问十年,故每年都要去凤冈县调研。

茶人
——与天下爱茶人共勉

忘龄茶人无垂暮，一把瓦壶走天涯。
夏集荷露烹龙井，冬集瑞雪煎茯茶❶。
春踏落英采碧螺，秋啜红袍赏菊花。
人生旅途处处景，寿命长短任由它。

---

❶ 诗中的"龙井"是指"龙井茶之魁"的狮峰山龙井茶。"茯茶"是指经冠突散囊菌发酵的黑茶，湘茶集团所产的"丹增尼玛"是茯茶的巅峰之作。"碧螺"是指洞庭山碧螺春。"红袍"是指武夷茶王大红袍。

普陀山普济寺品茗 ❶
——礼佛归来抒怀

海天佛国沐朝晖，竹露染衣入翠微。
芳草迎客频招手，灵雀多情绕人飞。
普济寺里求普济，法雨庵内冼昨非。
最爱煮泉古松下，与师论道乐忘归。

◎普陀山伴山禅院

❶ 普陀山普济寺为清代乾隆年间的建筑，整个寺庙修筑在山势比较宽阔平坦的地带。大殿内古木参天，繁花似锦，芳草如茵，寺西南侧有一潭清泉奔腾涌流，大殿是由铜瓦盖顶，气势恢宏，这里四季香火鼎盛。

茶翁自白
——修习茶道心得

茶翁越老越痴呆,喜怒哀乐不挂怀。
问茶笑踏芳草去,汲泉喜捧月归来。
日暖闲坐陪茶聊,夜静昕香赏花开。
自在童心如钻石,折射阳光成七彩!

◎老同志,立新功

淡淡
——中秋节寄茶友

淡淡秋寒淡淡愁,淡淡月色满画楼。
淡淡彩云窗前过,淡淡书香心中留。
淡淡薄酒图一醉,淡淡苦茶解千愁。
淡淡诗意淡淡墨,淡淡清福寄挚友!

重阳一叹

一抹红霞映画廊,一树银杏落叶黄。
一缕白云风吹散,一曲暗香迻残阳。
一丛菊花一壶酒,一杯苦茶回味长。
一弯冷月钩思念,一首小诗诉衷肠。
一咏一叹一问讯:一样冬夜独倚栏?

贵阳王阳明祠品茗抒怀

昨夜御风贵阳行,高原新月最多情。

披彩云,笑相迎。

今宵清茶祭阳明,知行轩里苦沉吟。

心学在?谁奉行!

五台山问佛 ❶

登临五台佛日开,清风引我拜如来。
不求福禄不求寿,唯求一问能释怀。
未曾生我谁是我,生我之时我是谁?
世尊听罢传法语,茶喝透时即明白!

---

❶ 清顺治皇帝在五台山出家时曾作《归山词》,其中有人类对自身千思万想不得其解的一问:"未曾生我谁是我,生我之时我是谁?"

"六一"抒怀
——作于 2007 年儿童节

一事未成人渐老,一脉心香存本真。
一心恋茶终不悔,一批知己弥足珍。
一支秃笔传茶道,一壶苦茶慰平生。

端午节闲吟
——作于 2010 年端午节

昨夜梦中游神州,驾长风,登琼楼。
又见万家包香粽,片片竹叶裹闲愁。
屈子忧国恨,早逐逝水流;
唯有白蛇怨,至今犹未休。
江山更迭情不变,茶香千古说风流!

卷四 组诗

一　小舟四首

小舟（一）

此生愿得一扁舟，与君漂到天尽头。
载茶载酒载日月，不载人间半点愁。

小舟（二）

独驾孤舟泛五湖，常听落花待月出。
煮茗置酒邀共醉，不知可有知音无？

小舟（三）

最喜携茶泛孤舟，浪迹萍踪迄春秋。
云谲波诡人间事，茶禅相伴复何求！

小舟（四）

兰舟载茶泛中流，波光云影洗清秋。
两岸红尘全不染，古琴声中水悠悠。

二　茶与月十首

（一）待月

冬夜菊花香更清，半染书斋半沁心。
煮泉伴菊痴待月，只为嫦娥是知音。

（二）迎月

小院迎月花弄影，池畔煮泉试新茗。
人生旅途无穷乐，且品且歌且徐行！

（三）读月

品茗日久香透骨，读月到老人如诗。
开口便劝吃茶去！不怕世人笑我痴。

（四）问月

新年古月又一新，清辉入怀心自清。
问月茶道通何处？朗月为我指迷津！

(五)抱月

碧空弯月如虚舟,不载人间半点愁。
年来好做狂客饮,抱月品茗上西楼。

(六)吻月

六如轩里醉茶香,洞箫古琴音绕梁。
把盏吻月悟茶道,笑向秋风傲帝王。

(七)餐月

与君共品六如茶,细嚼清风味尤佳。
餐月可使心透亮,快意人生乐无涯!

(八)踏月

茶汽氤氲香染衣,茶烟袅袅逐云飞,
且随从谂吃茶去!茶罢乘风踏月归。

(九)追月

七碗茶罢一身轻,彩云追月到天心。
茶道迢迢向何处?朗月为我指迷津。

(十)送月

冷面梨花淡脂粉,热心炉火恋茗烟。
茶罢送月花垂泪,独对空枝心更闲。

◎六如茶艺师

三、藏头诗七首

藏头诗《和静怡真》[1]

和风吹梦四月天,静听花落不忍眠。
怡情快意吃茶去,真如佛法悟心间。

---

[1] "和静怡真"是中国茶道四谛,其中"和"是中国茶道的哲学思想核心。"静"是修习茶道的不二法门。"怡"是修习中国茶道的身心体验。"真"既是中国茶道的起点,又是中国茶道的终极追求。

藏头诗《精行俭德》❶

精诚所至金石开,行端品正见如来。
俭朴惜福倡茶道,德艺双馨济世才。

藏头诗《不乱于心》❷

不到嵩山拜达摩,乱花迷眼诱惑多。
于今只与茶相伴,心香一瓣养太和。

---

❶ "精行俭德"是中国茶道的人文追求,出自唐代茶圣陆羽的《茶经》:"茶之为用,味至寒。为饮,最宜精行俭德之人。"

❷ "不乱于心"出自丰子恺的《不宠无惊过一生》。全句为:"不乱于心,不困于情,不畏将来,不念过往。如此,安好!"

◎师父"指月"

藏头诗《茶道养生》[1]

茶亦解语能通神,道心伴我叩禅门。
养得一腔浩然气,生生世世做茶人。

◎品茗听香忘古今

[1] 茶道养生是当代最有效,最全面,最令人身心愉悦的养生妙法,它包括"以茶养身""以道养心"和"以艺娱人"等三个方面。此诗是为拙作《茶道养生》题写的藏头诗。

藏头诗《笑对人生》

笑口常为奇茗开,对酒当歌亦快哉。

人心超脱八苦累,觉悟生死即如来!

◎人心超脱八苦累,觉悟生死即如来

藏头诗《室雅兰香》

室小心宽涵乾坤，雅韵恬静与茶同。
兰品高洁是我师，香蕴正气茶人魂。

藏头诗《六如茶艺》❶

六根共识茶真味，如得甘露涤凡心。
茶禅一味勤修习，艺精德高世人钦。

---

❶ 六如茶艺培训中心是笔者1997年创办的全国茶艺培训机构（当时我国内地尚未开设茶艺师职业），目前我们独特的茶艺理论体系是"三足鼎立，四轮驱动"。即茶艺平台是由精细高雅的"清饮"，温馨浪漫的"调饮"，益寿延年的"药饮"三足鼎立支撑起来的。

茶艺是由舞台表演型、生活待客型、企业营销型、修身养性型四大类型功能各不相同的茶艺相辅相成来推动发展的。修习茶艺必须心术并重，道艺双修，以道驭艺，以艺示道。

四、步原韵和师友

和净慧[1]大师两首

（一）

净慧大师赠诗：

东南西北走烟霞，踏遍神州为问茶。

足底文章心上道，茶经再续看新葩。

步净慧大师原玉奉和：

佛光慧火映流霞，融入禅味茶非茶。

◎净慧大师

清神涤髓助悟道,心香一瓣发新葩。

(二)

净慧大师赠诗:
林下高眠老病身,四时自喜柏为邻。
新书遥寄烟霞外,半是茶情半友情。

步净慧大师原玉奉和:
七尺男儿有限身,寸心愿随师为邻。
烦恼尽抛云天外,唯求觉悟与有情。

❶ 净慧大师,法号妙宗,1933 年出生于湖北省新洲,于 2013 年 4 月 20 日上午在湖北省黄梅县四祖寺圆寂,世寿 81 岁。净慧法师 1988 年当选为河北省佛教协会,1993 年当选为中国佛教协会副会长,他倡导"觉悟人生,奉献人生"为宗旨的生活禅,主张"在生活中修行,在修行中生活",创办了"生活禅夏令营",使无数善男信女走进禅,了解禅,受用禅的智慧,禅的清凉,禅的慈悲,禅的洒脱。我有幸在编写《神州问茶》时与大师结缘,多次得到他指月开示。这两首偈是恩师 2001 年 11 月 21 日对我的鞭策与鼓励。

和长兴寿圣寺方丈释界隆法师两首

(一)晨起观月有感

释界隆法师原诗：

月依旧，心本然，默契真如口莫言。

若能识得归家路，何需标月手指禅。

林治步原玉奉和：

月冷艳，笑嫣然，此情羞于对师言。

信步芳草天涯路，皓月是禅花亦禅。

(二)题赠六如

释界隆法师原诗：

吉祥金沙泉水佳，和润顾渚紫笋茶。

寿圣禅意六如成，圆成佛心平等家。

林治步原玉奉和：

回归佛国心情佳，更喜西天也有茶。

得师指月悟茶道，六如寿圣本一家。

◎ 陆羽传人

和冰城女警杜学辉两首

（一）

冰城女警原诗：

滇红添香暖袖口，清箫拨耳花雨烹。

晨晖暮霭隐高阁，心无爱恨落笔空。

林治步原玉奉和：

贡茶村茶皆可口，地水天水随意烹。

把盏邀月醉高阁，杯空壶空心自空。

（二）

冰城女警原诗：

风雨潇潇笼万家，小径无尘雷光夏。

犹怜昨夜下弦月，今宵何处照落花。

林治步原玉奉和：

茶人洒脱胜仙家，浪迹春秋逡冬夏。

最喜心中一轮月，辉映人间万丛花。

和沈小淞两首

(一)推敲

贵州老山猫——沈小淞原诗：

柴门犬吠夜已深，窗外月映立诗僧。

推敲忘入痴徘徊，瓦壶煮茶为谁斟？

林治步原玉奉和：

月移花影夜已深，闲敲棋子待诗僧。

柴门推敲两皆可，壶中有茶君自斟。

(二)苦茶

贵州老山猫——沈小淞原诗：

茶苦且因舌如剑，书香不为我更新。

千仞壁上狮子吼，入禅出禅心自清。

林治步原玉奉和：

点亮心灯舞慧剑，今是昨非日月新。

梦里隔岸闻狮吼，花红柳绿草青青。

五、品茗禅悟心得六首

(一)悟甘苦

甘也罢,苦也罢,甘不贪恋苦不怕。
人生百味一盏茶,
坦然细品味,甘苦皆笑纳。

(二)悟浓淡

浓也罢,淡也罢,无浓无淡无高下。
心无执着万般好,
浓时品酽情,淡时享清雅。

(三)悟冷热

冷也罢,热也罢,世态炎凉任变化。
闲心静品七碗茶,
冷眼看世界,壶里乾坤大。

(四)悟沉浮

沉也罢,浮也罢,莫以浮沉论高下。

自由自在展自性,

平生任潇洒,沉浮不牵挂。

(五)悟褒贬

褒也罢,贬也罢,世人褒贬皆闲话。

身无傲气有傲骨,

八风吹不动,褒贬皆放下。

(六)悟贵贱

贵也罢,贱也罢,莫以铜臭薰灵芽。

有缘得此苦口师,

启迪真佛性,此茶值何价?

观荷有感
天沐·高小林

半世浮沉在碧波,惟余空性举风荷。
闲云若解蟾光意,也信人间夜色多。

读高小林先生《观荷有感》有所悟,步原玉奉和:
一生苟活逐世波,尘心常愧对风荷。
超脱污泥传禅意,清香一缕感悟多。

药师佛前品茗得句
(题照)

药师佛前一灯明,慧火照心五蕴清。
若想此身不染病,自性自度且品茗!

端午节品茗有感

（一）

端午品得茶真味，
心灯点亮慧眼开。
莫道禅机深难测，
半盏清茶见如来！

（二）

苦海横断人生路，
命运之舟向何处？
且借佛法扬心帆，
要到彼岸靠自渡。
彻悟！彻悟！
慈航自渡无人助。

◎做客苗家

卷五 词

江城子·童心（仿苏轼）

老夫聊发少年狂，骑木马，游茶山。巴陵四月，秀色翠连岗。
莺飞草长神仙地，最诱人，是茶香。
茶罢心窍俱开张，童心发，且疏狂。人生苦短，何物解忧烦？
穷通行止茶相伴，乾坤大，岁月长！

◎老夫聊发少年狂

鹧鸪天·忆梦

昨夜依稀回故园,茶烟掩梦绝尘喧。
半榻诗书伴人卧,一盏孤灯忘晨昏。
品苦茶,恋清樽,尽将愁绪付松风。
心闲睡味甜如蜜,嚼碎禅意梦婵娟。

巫山一段云·流年

又见红梅开,流年人无奈。
聊发疏狂邀嫦娥,品茗云天外。
挥扇舞松风,抚弦和天籁。
读月听香忘古今,喜得大自在!

虞美人·叹

少年吟诗曲江畔,桃花红烂漫。
青年放歌诉衷肠,报国无门,长啸迓斜阳。
而今颂《经》啜苦茶,两鬓生华发。
风花雪月了无痕,一咏一叹读《南华》。

望江南·送兔年

迓流年,怅望日西斜。
独自漫游曲江畔,闲伴落霞赏梅花,清趣向谁夸?
辞岁夜,最宜品苦茶。
任其玉兔逐逝水,管他金龙入谁家。茶味最清佳!

卜算子·元宵夜

古城生明月,明月照古城。
周秦汉唐一场梦,谁是梦醒人?
曲江春波绿,寒光摇月影。
吃罢元宵忆今宵,杯中茶未冷。

浣溪沙·品桂花龙井

月映柳色染窗纱,竹炉瓦壶试新茶:
龙井杯中赏桂花。
诗书闲翻三两页,古琴声中月影斜。
逍遥自在茶人家。

蝶恋花·情人节品茗

风追彩云云追月,月儿含羞,任云掩蛾眉。
倚窗望月煮龙团,心伴茶香唤春回。
春寒袭人人不寐,洞箫声咽,谁教月下吹?
一盏苦茶独品味,个中甘苦知为谁?

蝶恋花·问茶

春意浓浓浓如故,桃李争妍,灵芽发千树。
年年年后恋何处?牵手知己问茶去!
最爱武夷三月暮,歌遏行云,茶香绕万户。
归来烹茶邀君饮,月照芳草天涯路。

渔家傲·七夕感怀

晚风吹荷香细细,曲江芳草连天碧。

痴向银汉望鹊桥,无处觅,新月如钩挂天际。

人生恰如一场戏,生旦净丑全无趣。

所幸与茶结知己,不相弃,伏案挥毫书胸臆。

行香子·叙怀(仿苏轼)

一枕黄粱,须发如银。梦醒时,已忘时分。

曾陷仕途,迷失自我。回首平生,似流萤,似漂萍。

抛却功名,转与茶亲。乐陶陶,率性任真。

余生几何?作个闲人!对一壶茶,千溪月,万壑云。

忆秦娥·四月

茶山碧,绿肥红瘦香满地。
香满地,怅对花雨,留春无计。
昨夜梦回伤心地,
灵芽已老风细细。
风细细,半抚华发,半牵回忆!

忆秦娥·新柳

柳枝碧,漫卷东风舞旖旎。
舞旖旎!青丝婀娜,牵动离意。
曲江自古伤心地,
一碗苦茶耿相忆。
耿相忆!岁月如梭,人生如戏。

忆秦娥·秦川春雪

天初晓，琴音悠悠茶香绕。

茶香绕，佛堂花开，禅心不老。

瑞雪适时沃春草，

神州疆消心情好。

心情好，焚香祈祷：祖国春早！

小桃红·冬至

瓶中花开吐幽怨，

频把暗香送。

冬至煮茶邀花品，

花不言，

默默望我似心动。

心动？心动！

今夜与花同梦！

忆王孙·雨夜闻蛙煎茶

曲江微雨夜闻蛙,
长安四月处处花。
红袖焚香我煎茶,乐无涯。
春满寻常茶人家!

一剪梅·迎羊年

三阳开泰迎新年,花影娟娟,人影翩翩。
欢歌笑语不夜天。华灯万千,美酒万千。
今年辞岁多奇景:百姓入筵,贪官入监。
习习春风暖人间。任性今天,共创明天!

月下吟·题照

云破月出花弄影,雨后良夜风清。
喜看嫦娥当空舞,顾影月下闲吟!
此夜此景谁共?草木皆我知音。
常伴落花品苦茶,其味常品常新。

临江仙·立春品茶

闲对瓦壶听茶沸,怅望梅谢疏枝。
拾片落红寄相思。
细从今日数,余生几多时?
品茶不劳人相劝,甘苦皆可入诗。
"难得糊涂"老始知。
品出醍醐味, 有幸成茶痴。